우리 시대 무용가 열전1

21세기 부산 무용가

'21세기 부산 무용가' 시리즈를 시작하며

"한 무용가를 따라가는 여정은 무용가와 같이
익어가는 과정이다."

춤 비평을 할수록 관찰자에 그쳐서는 안 된다는 생각과 부산 무용계라는 공동체의 일원으로 할 수 있는 일을 찾아야 한다는 의무감이 생겼다. 동시대 부산에서 활동하는 무용가를 기록해야겠다는 기획은 이런 의무감에서 시작했다. 공연 예술의 특징 중 하나가 찰나에 흘러가는 것인데, 그렇다고 사람마저 흘려보내서는 안 된다. 소수의 무용가는 이런저런 기회에 기록되겠지만, 그렇지 못한 다수는 잊힌다. 그들을 기억에 잡아두고 싶었다. 몇 줄의 글로 충분하지는 않겠지만, 최소한 기억하려고 노력했다는 흔적이라도 남기고 싶었다. 흐르는 강물을 손바닥에 모아 얼굴에 끼얹는다고 강물을 담을 수 없지만, 적어도 강물이 흐른다는 사실을 깨달을 수는 있다. 이 기획이 사람들의 무관심을 깨우는 세숫물 역할을 할 수 있다면 그것으로 충분하다. 다행히 몇 년 전 춤 전문 웹진 댄스포스트코리아에서 부산 지역 무용가를 다룰 기회가 생겼다. 무용가를 만나 이야기를 듣고, 삶과 예술 세계를 정리하면서 새삼 기록의 중요성을 깨달았다. 한 해에 서너 명 밖에 다룰 수 없었지만, 언젠가는 이 기록들을 모아 책으로 엮고 싶었다. 어느새 12 명의 기록을 모았다. 우선 이 정도로 '21세기 부산 무용가 시리즈'를 시작하기로 했다.

영남이 춤의 고장이란 말은 이미 익숙하다. 한동안 이 말은 자타가 인정하는 말이었고, 부산 사람들의 믿음은 확고했다. 멀지 않은 지역에 탈춤의 시원지가 있고, 부산 가까이 김해·마산·진주·고성에 오광대 전통이 지금까지 전승한다. 부산은 한 때 동래·수영·부산진에서 들놀음을 놀았고, 그 중 동래와 수영은 국가무형유산으로 지정 받았다. 민속춤만 아니라 한국 전쟁 기간 부산은 무용의 중심이었다. 휴전 후 피난 왔던 많은 무용가가 서울로 돌아갔지만, 몇몇은 부산에 남아 지금 부산 무용계의 밑거름이 되었다. 한국 근현대 무용사 대부분은 서울에서 활동한 무용가 중심이다. 상대적으로 관심 받지 못했던 부산 무용가들을 조명하기 시작한 것은 부산문화재단의 부산예술인아카이브 구축 사업이다. 이 사업으로 황무봉, 조숙자에 관한 자료가 정리되었다. 이보다 앞서 '인물스페셜'에서 수영의 태덕수, 동래의 문장원 등 들놀음의 중심인물을 다루었다. 이 사업은 진행 중이라 앞으로 더 많은 부산의 무용가를 발굴하고 다룰 것인데, 나의 기획은 공공기관 주도의 기록에서 제외된 무용가를 다루는 점에서 차이가 있다.

  현재의 기반을 다진 과거 인물을 새기는 일은 한 분야의 역사적 흐름을 정리하는데 있어서 매우 중요하다. 그런데 동시대를 살아가는 무용가를 조명하는 일 또한 과거를 정리하는 것만큼 중요하다. 현재는 과거의 축적이고, 동시에 미래를 예비하기 때문이다. 하지만, 동시대 인물을 살피는 일은 과거 인물을 정리하는 것에 비해 까다롭다. 먼저, 다루어야 할 인물의 선정 기준을 세우기 어렵고, 기준을 마련해도 여전히 활동 중인 예술가를 규정하는 것이 부담스럽기도 하다. 그렇다고 해서 그들을 놓친다면, 뒷날 21세기 부산에서 활동한 무용가를 정리할 필요가 있을 때, 아마도 사회적으로 인정받는 지위에 올랐거나 언론에서 다룰 정도의 작품을 내놓은 소수의 사람 위주로 정리가 될 것이다.
  무용계는 소수가 이끌어서 유지하는 공동체가 아니다. 각자의 자리에서 예술적 성과를 이룬 이들이 없다면 주목받는 소수도 존재할 수 없다. 이 책이 담은 동시대 부산의 무용가들은 우리와 같이 호흡한 예술가이다. 누구를 다룰 것인지 뚜렷한 기준은 세우지 않았다. 굳이 기준을 말하자면, 부산을 중심으로 활동하는 무용가 정도이다. 안무 작품이 많고 적고는 참고 사항일 뿐이지 중요한 기준은 아니다. 무용수로 활동했는지 안무자로만 지냈는지 상관하지 않았다. 1권을 시작으로 기력이 다할 때까지 이어 갈 계획이다. 이 책은 무용가의 필모그래피와 작품 리뷰를 이어 붙이는 형식이다. 한 사람의 무용가를 알기 위해서는 그의 삶과 작품을 함께 살펴야 한다는 생각에서 선택한 방식이다.

무용가들을 인터뷰하면서 그들의 외로움을 느꼈다. 공연 예술 창작 과정이 다른 장르에 비해 그나마 덜 외롭다고 할 수 있지만, 그렇다고 모든 과정을 다른 사람과 함께 하지는 않는다. 예술가에게 외로움은 일상이다. 무대에서 잠깐 관객의 관심을 받지만, 긴 시간을 견디며 무대에 서기 위해 끊임없이 자기를 다그쳐야 한다. 더구나 생계를 유지하는 일로 외로울 여유조차 없는 무용가들도 적지 않다. 그들에게서 거창한 예술론을 바라지 않았다. 그들의 외로움을 조금이라도 알아주는 것이 동시대 부산 무용가들에게 작은 위로가 되기를 바랐을 뿐이다.

자기 이야기와 자료를 기꺼이 내어준 무용가들과 박병민 사진가, 바쁜 중에도 표지 디자인을 해 준 박희진 교수, 출판을 맡아 준 도서출판 함향 임규찬 대표, 댄스포스트 코리아 관계자 모두 고마울 따름이다. 동생 이상찬에게 특별한 마음을 전한다. 바깥양반 이윤희, 딸 수연, 사위 박성민, 어머니와 누나들 가족 모두 나의 든든한 뒷배이다. 이 책을 재작년 돌아가신 아버지 영전에 바친다.

2024년 시월, 부산 만덕 어느 후미진 언덕에서

이 상 헌

차례

김 동 희

관습적 미학에 연연하지 않는 독보적인 행보

　오랜 시간 무용가는 자기 몸을 극단으로 몰아붙여 비일상적인 아름다움을 구현해 왔다. 이를 위해 춤꾼은 특별한 훈련으로 단련된 몸을 갖게 되었고, 덕분에 무용은 일상적 움직임과 구분되는 독자성을 확보했다. 이것이 모던댄스다. 모던댄스의 엘리트주의적 태도의 한계와 삶에서 멀어지는 비일상성에 반기를 들고 나타난 것이 포스트모던 댄스이다. 포스트모던 댄스는 모던댄스가 규정한 협소하고 특수한 춤의 영역을 거부하면서, 다양한 실험을 시도했다. 1970년 Trisha Brown(1936-2017)이 뉴욕 소호의 한 건물에서 <Walking down the side of a building>을 선보인 이후 서구를 중심으로 버티컬 댄스가 확산하였다. 한국에 버티컬 댄스가 본격적으로 등장한 것은 서구에 비해 늦은 편이다. 이런 버티컬 댄스를 부산에 처음 선보인 무용가가 있다. 한국무용을 전공한 이력으로, 그가 선택한 길이 한국 버티컬 댄스의 확산 과정이 되어버린 선구적 실천가. 버티컬 댄스에 명상과 다도를 접목해 극단적 움직임 속

에서 멈춤을 찾은 깊이 있는 안목. 무용가 김동희는 주위에서 섣불리 규정할
수 없는 그만의 진화를 거듭하는 중이다.

    초등학교 1학년 때 김동희는 부모님이 등록한 무용학원에서 춤을 시작했
다. 시작이 한국무용이어서 이후에도 외국무용보다 한국무용에 더 흥미를 느
꼈다. 예술중학교를 거쳐 무용 특기생으로 인문계 고등학교에 진학해 무용을
이어갔다. 당시 살풀이춤으로 콩쿠르를 준비하면서 몸에 밴 엄격하고 반복적
인 훈련 습관이 지금까지 남아 작품을 준비하는 기본자세가 되었다고 한다.
대학 졸업 후, 정재의 매력에 빠지기도 했다. 당시 엄옥자 국립부산국악원 예
술 감독은 "너는 우물에 있을 아이가 아니다. 나가서 큰물에서 자유로워야 하
는 아이다."라는 말로 그의 내면을 일깨웠다. 김동희의 자유롭고 모험적 성향
은 이미 대학 시절에 발현되고 있었다. 대학 시절 트러스트 무용단에서 트레
이닝을 받다가 김형희 단장의 권유로 단원으로 활동하게 되었는데, 이 시기
가 '한국무용수로 지었던 춤 집, 마음의 틀을 다시 짓는 과정이었던 같다.'라
고 회고한다. 이후 댄스 시어터 틱의 김윤규 무용가와 함께 연극, 뮤지컬 안무
작업을 경험했고, 이를 바탕으로 연극·음악극·오페라 등 여러 프로젝트에 안
무가로 참여하였다. 이 무렵 선배의 추천으로 창작중심 단디에서 버티컬 댄
스를 처음 접하게 된다. 김동희가 거쳐 온 춤의 여정을 보면, 한국무용의 정수
인 궁중 정재에 매력에 빠졌다가, 현대무용 트레이닝을 받았으며, 연극·오페
라·음악극 등 타 장르와 협업 경험으로 자기 영역을 확산해 갔다. 결과적으로
그 모든 것이 버티컬 댄스로 귀결했는데, 그가 버티컬 댄스에 담아내는 철학
적·예술적 의미에는 한국무용이 추구하는 정제 미, 현대무용의 자유로움, 연
극적 내러티브가 녹아 있다.

김동희의 작업 중 스스로 언급한 몇 작품을 살펴보면 그가 지향하는 예술적 방향을 가늠해 볼 수 있다. 자기 이름을 건 첫 작업은 <내 신발에게>(2017년 개봉. 14분)라는 댄스 필름 프로젝트였다. 세월호 참사로 집에 돌아오지 못한 아이가 남긴 새 신발에 관한 동명의 시를 모티브로 김대현 영화감독과 협업하였다. 이 작품에서 김동희는 폐쇄된 거대한 원통 공간 벽 안팎에서 가느다란 줄에 의지해 버티컬 댄스를 보여준다. 여기서 버티컬 댄스는 희생자들이 갈구하던 탈출, 구조, 생명을 상징적으로 표현하는 적절한 도구가 되었다. 이후 미국 미시간으로 거주지를 옮기면서 일 년 정도 활동 공백이 있었다. 그때 고향 부산을 오가며 활동하겠다는 계획을 세웠고, '써드 네이처(3N)'를 창단해 미시간에서 처음 버티컬 댄스 워크숍을 진행하고, 쇼케이스 작품 <Shap of wind>를 선보였다.

<견딜 수 없는 아름다움>(2019년, 부산 영도)

김동희가 써드네이처를 창단해 미시간에서 버티컬 댄스 워크숍을 진행한 그해 부산 영도에 위치한 라발스 호텔에서 버티컬칼 댄스 <견딜 수 없는 아름다움>을 발표했다. 이 공연은 부산에서 처음 시도하는 본격적인 버티컬 댄스 공연이어서 현장 관객의 호응과 전국적으로 언론의 주목을 받았다.

'버티컬 댄스는 땅을 향해 내려오는 춤이다. 허공에 몸을 던지는 것은 초월에의 열망이기보다 현실의 갑갑함을 잠시라도 털어내기 위해서다. 그래서 버티컬 댄스는 현실을 위한 대지의 춤이다. 도로와 인근 건물 옥상을 가득 채운 관객들이 바라는 것은 줄을 타고 허공에 몸을 던지는 춤꾼의 비상과 그들이 안전하게 땅을 딛는 장면이다. 자신들을 대신해 일탈의 꿈을 잠시라도 보여 준 그들의 무사 귀환을 확인하고

서야 안도와 격려의 박수를 보낸다.'

《이상헌의 부산 춤 이야기 27》 국제신문. 2019년 11월1일)

버티컬 댄스에 대한 인지도가 없었던 부산에서 준비해야 했던 <견딜 수 없는 아름다움>은 연습 장소 섭외부터 공연 장소 및 관련 허가를 받는 일까지 어느 하나 쉬운 일이 없었다. 게다가 버티컬 댄서로 트레이닝 받은 무용수가 없어서 워크숍으로 참여자를 모집해 기본기부터 시작해 공연까지 해야 했다. 이 작업으로 인해 부산에 버티컬 댄스의 토양이 생성되기 시작한 것이다. 김동희는 "워크숍을 시작한 물류창고에서부터 부산 앞바다를 배경으로 한 20층 빌딩까지 헤쳐 나갔던 과정이 가장 기억에 남는다."라고 회상한다. 2021년 재공연이 계획되었지만, 코로나로 공연이 취소되었고, 댄스 필름 <숨 SUM>으로 제작하였다.

〈묵언 Silence〉(2022년, 2023년)

공공 지원을 받아 프랑스, 이탈리아 버티컬 댄스 단체와 리서치 워크숍을 함께 진행했을 때 프랑스 버티컬 댄스 단체인 루트라몽의 예술감독 파브리스와 인연이 닿아 <묵언 Silence> 작업을 함께했다. 그의 연륜과 섬세함이 작품을 한 단계 발전시켜 주었다. <묵언 Silence>는 김동희가 한국의 행다(行茶)를 배우면서 다법(茶法)을 펼치는 정제된 과정을 작품화한 것이다. 행다가 시간의 흐름에 따라 기다리고 행하는 수평적 흐름이라면, 버티컬 댄스도 하나의 흐름으로 파악할 수 있다. 거슬러 올라 다시 내려오는 과정에서 멈춤과 진행이 그렇다. 시간을 역행하려거나 조바심 내지 않고, 기다리며 매듭을 짓고 제

자리로 돌아오는 과정은 행다의 그것과 다르지 않다. <묵언 Silence>는 수평적 관점에 수직적 시각을 더 해 시간과 공간의 흐름을 입체적으로 만들어 낸 퍼포먼스이다. 버티컬 댄스가 무용일 때, 잘 짜여 진 환영을 보여주는 것이었다면, 행다라는 의례와 만나 환영 바깥으로 나서면서 세계를 향해 몸을 열어젖히는 하나의 퍼포먼스가 된 것이다. 퍼포먼스의 특징은 수행성(performativity)에 있다. 수행성은 그렇게 함으로써 세계의 변화를 끌어낸다. 이런 퍼포먼스의 수행성은 "완성된 공연의 형태는 관객이 함께 행다에 능동적으로 참여하며 그 안에 명상과도 같은 고요한 수직의 움직임을 감상하게 되었는데, 지금껏 세 가지 버전으로 조금씩 다르게 발전했고, 기회가 된다면 관객이 수직의 경험까지 또는 그 정도의 밀도까지 감각할 수 있는 공연을 만들어 보고 싶다." 라는 김동희의 말에서 확인할 수 있다.

⟨The Fractal 흔적⟩(2024년)

올해 2월 공연한 가장 최근 작업으로, 설치작가 오순미와 함께 '2024 부천 아트벙커B39 초대전' 에 출품하였다. 오순미 작가가 구현한 거울을 통해 빛 입자들이 반사되는 무한한 공간 속에서 시작해 쓰레기들이 버려져 40미터 높이까지 쌓이는 벙커의 지하 바닥까지 관객이 무용수들과 함께 이동하며 관람하는 이머시브(immersive) 형식의 공연이었다.

김동희의 예술적 정체성-고정된 정체성이 아닌-은 버티컬 댄스에서 찾을 수 있다. 그는 버티컬 댄스를 통해 스스로 작아지면서 존재를 실감한다. 높은 곳에서 보면 이상의 모든 것이 작게 보인다. 자신도 관점에 따라서 작게도 크게도 보일 수 있다는 것이다. 이처럼 모든 것이 상대적이라는 깨달음으로 자기 존재를 확인한다. 태양 아래 온전히 자기를 들어내면서 끊임없이 벽을 박차는 극한의 움직임은 춤을 넘어선 하나의 수행(修行) 행위에 가깝다. 극단적 기교가 필요한 버티컬 댄스에서 시작해 최소의 행위를 통해 깨달음에 다가가려는 행다를 익히고, 나아가 그 두 가지를 결합한 과정도 예술적 수행으로 보인다. 수행은 누군가의 도움을 받기 어려운 과정이지만, 김동희는 가족의 도움을 받고 있다. 한국에서 나고 자랐지만, 주로 미국에 살고 있는 그에게 가족은 무엇보다 중요하다. 배우였고, 독일·태국·한국에 살았던 모험가인 남편은 특별하다. 남편은 로프 테크니션, 무용수, 통역가 등 다양한 역할로 언제나 김동희를 지지해 준다. 그의 아이디어가 작품으로 구현될 수 있도록 도움을 주고, 안전이 최우선인 버티컬 댄스에서 위험하고 힘들고 외로운 작업을 도맡아 해준다. 이런 지지와 도움은 김동희가 지금의 성과를 이루고, 다음을 계획할 수 있는 큰 밑거름이다. 그는 올해 버티컬 댄스 포럼 때 인연을 맺은 스페인 버티컬 댄스팀과 함께하는 협업 공연 <가제-문둥>을 준비하고 있다. 이 작품은 극장 공연으로, 높지 않은 줄을 이용해 바닥과 허공을 360도로 사용해 기존 버티컬 작업과는 다른-에어리얼- 형식으로 펼쳐질 것이다. 첫 발표는 스페인에서 할 예정인데, 2025년 한국 공연 계획도 있다고 한다.

한국무용에서 익힌 전통춤을 구현하던 몸, 모던댄스의 흐름 안에서 훈련받은 몸은 무용가 김동희의 몸에 내재해 있다가 버티컬 댄스에서 총체적으로 발현했다. 한국에서 무용가로 성장한다는 것은 전통과 관습, 권위라는 중력에 순응하는 과정과 다르지 않다. 김동희는 이러한 순응의 중력을 박차고 자기만의 세계로 비상했다. 그리고 자기만의 착지점을 모색하고 있는 것처럼 보인다. 지금은 그 착지점이 행다와 버티컬이 만들어 낸 어떤 지점으로 보이지만, 그는 여전히 뛰어오를 준비가 되어 있는 무용가여서 또 다른 착지점을 모색하기 위해 비상을 멈추지 않을지도 모른다. 무엇을 하든 그는 이미 관습적 미학에 연연하지 않고 무대 밖 세상으로 나와 환상을 현실로 구현하는 독보적인 무용가임이 분명하다.

(2024년 7월 11일 댄스포스트코리아)

⟨묵언 Silence⟩
형식미 너머 무한으로 나아가기

　극과 극이 만나면 어떻게 될까? 극과 극은 대립하는 것일까? 아니면 서로 통할 수 있을까? ⟨묵언 Silence⟩(안무 김동희, 2023년 9월30일. 부산 금정구 오륜동 륜플레이스)는 상반되어 보이는 두 장르가 만나 어떤 결과를 만들어 내는지를 확인할 수 있었던 퍼포먼스다. 이 퍼포먼스를 기획하고 연출한 김동희는 부산에 버티컬 댄스를 처음 소개한 안무가이다. 지난 2019년 영도 라발스호텔 외벽에서 공연한 ⟨견딜 수 없는 아름다움⟩은 버티컬 댄스의 특성을 잘 구현한 안무와 규모, 예술성으로 현장 관객의 호응은 물론 여러 언론의 주목을 받았다. ⟨묵언 Silence⟩는 코로나 팬데믹을 겪은 후 김동희가 들고 온 보따리였다. 이 보따리에 김동희는 행다(行茶)라는 의외의 것을 담아왔다. 행다 자체만이 아니라 행다와 버티컬 댄스를 버무린 새로운 형식은 춤이면서 춤을 넘어서는 퍼포먼스에 가까웠다. 춤 공연과 퍼포먼스는 차이가 있다. 춤 공연은 지켜야 할 관습과 규범이 어느 정도 있지만 퍼포먼스는 상대적으로 자유롭다. 춤 공연이 하나의 환영적 세계를 만든다면, 퍼포먼스는 세계를 은유한다.

　버티컬 댄스는 형식적으로 일반적인 무대 공연과는 다르다고 할 수 있지만, 공간을 한정하고 환영을 만든다는 면에서 무대 공연과 같은 면도 있다. 중요한 지점은 형식적인 차이가 단순한 방법의 차이에 그치지 않는다는 점이다. 버티컬 댄스는 무대 공간, 즉 환영을 만들어 내는 공간을 조작하기 어렵고, 경계를 규정하기에 애매하다. 이런 면에서 버티컬 댄스가 퍼포먼스에 쉽게 다가갈 수 있지만, 퍼포먼스가 갖는 수행성(performativity)을 확보하기는 어렵다. 수행성은 그렇게 함으로써 세계의 변화를 끌어내는 것을 말한다. 김동희는 행다를 접목함으로써 수행성을 해결했다. 행다의 수행성은 차(茶)를 물리적으로 변화시켜 섭취해 결과적으로 행다를 하는 사람들의 육체적, 심적 변화를 끌어내는 것에 있다. <묵언 Silence>는 버티컬 댄스의 수직적 흐름과 행다의 수평적 흐름을 결합해 시간 흐름을 공간적으로 구현하였다. 이는 춤이 의례와 만나 환영적 세계 밖으로 나와 현실화한 것으로도 볼 수 있다. 행다 관점에서는 차라는 물리적 매개를 관념적으로 승화하는 과정에서 춤을 만나 현존하는 몸을 확보하게 된다. 행다가 진행하는 동안 몸은 감추어지고, 몸의 가치가 은폐되는데, 춤은 진행할수록 몸의 현존성을 점점 강화한다. 의상을 살펴보자. <묵언 Silence>에서 팽주(烹主) 역할을 하는 김동희는 의복을 갖추고 있다. 그는 더 이상 춤꾼이 아니다. 춤꾼의 몸을 은폐한 것이다. 반면 춤꾼들의 옷은 맨살을 드러낸 장식 없이 단순한 모양이다. 춤과 행다가 지향하는 바를 의상이 상징적으로 보여주고 있다. 관객과 함께 진행하던 다법이 막바지에 줄에 매달린 춤꾼들 손에서도 행해진 것은 여러 의미가 있다. 시각적으로는 수평적으로 진행하던 행위를 수직적으로 변용한 것이고, 의미적으로는 차라는 매개를 통해 행다와 춤이 같은 묵언 상태에 있는 것을 증명했다.

<묵언 Silence>에서 관객은 중요하다. 이 작품에서 관객은 수동적 존재가 아니다. 능동적 관객으로 인해 이 공연은 이머시브(immersive)가 된다. 김동희는 "완성된 공연의 형태는 관객이 함께 행다에 능동적으로 참여하며 그 안에 명상 같은 고요한 수직의 움직임을 감상하게 되었는데, 지금껏 세 가지 버전으로 조금씩 다르게 발전하였고 기회가 된다면 관객이 수직의 경험까지 또

는 그 정도의 밀도까지 감각할 수 있는 공연을 만들어 보고 싶습니다."라고 말한다. '관객이 수직의 경험, 그 정도의 밀도까지 감각할 수 있는 공연'을 추구한다는 말은 관객이 단순히 보는 사람들이 아니라 적극적 개입자로서 작품의 진행과 결과에 영향을 끼친다는 뜻이다. 더 깊이 생각해 보면, 묵언은 말을 부정하는 것이 아니라 내 말을 참아 상대의 말을 듣고, 주변의 소리와 변화를 알아채기 위한 태도이다. 내가 말하는 동안 상대를 향한 내 귀는 닫힌다. 이뿐만 아니라 시각도 닫힌다. 내가 말할 때 나는 고립 상태라는 뜻이다. 묵언은 이런 고립에서 벗어나는 이타적 경지에 이르기 위한 방편이다. 말을 끊어 상대에게 다가가는 상태는 '나'라는 동질성에서 벗어나 '타자'라는 무한으로 나아가려는 시도이다. 안무자가 말하는 관객의 경험과 밀도는 결국 각자 타자라는 무한으로 나가는 체험과 다르지 않다. <묵언 Silence>는 춤과 행다의 단순한 형식적 결합에 그치지 않는다. 형식이 갖는 미적 가치가 두드러진 두 장르가 만나 관객이 실존적 가치를 체화(embodiment)하는 현실의 장을 마련한 것이었다.

(2024년 7월)

김미란

세상의 주름에 뛰어들다

"저걸 네가 하는 거야!"

대학 수학과에 진학하고 싶었던 고등학교 1학년 김미란에게 어느 날 무용 선생님이 "무용을 전공 해보면 어떻겠니?"라고 권유한다. 무용 선생님은 김미란이 가진 소질을 보았기 때문이겠지만, 김미란 입장에서는 생각해 보지 않은 일이었을 것이다. 선생님은 말로 권유하는 데 그치지 않고 그를 '짓' 무용단(동아대 한국무용 전공 동문단체) 공연에 데리고 갔다. 난생처음 보는 무용공연에 김미란은 눈과 정신이 번쩍 뜨였다고 한다. "저걸 네가 하는 거야." 선생님의 결정적인 한마디에 힘입어 김미란은 무용을 해보기로 결심한다. 이후 김미란의 삶은 새로운 전환을 맞이한다. 2년의 준비 시간이 길지는 않았지만, 부산대학교 무용학과에 입학한다. 처음 본 공연이 한국 무용 공연이었기에 입시도 한국무용을 선택했다. 대학에서 춤의 기본 다지기에 충실하면서 한편으로 무용 이론, 타 장르 예술 과목, 철학 수업을 두루 들은 결과 생각이 깊어졌고, 다른 전공생들과의 교류도 넓혀 갔다. 도서관에 살다시피 하면서 무용, 미술, 철학, 문학 서적을 탐독하고 공연 시청각 자료도 섭렵하였다. 잘하고 싶다는 의지로 기교뿐만 아니라 예술가로 나아갈 길에 자양분이 될 두텁고 넓은 기반을 쌓아갔던 것이다. 춤뿐만 아니라 공부하는 자체를 즐겼던 김미란은 대학원 진학을 계획했다. 그런데 지도교수였던 김현자 교수가 그가 졸업하는 해에 한예종으로 자리를 옮겨 대학원 진학이 무의미해졌다.

직업무용가의 길

하나의 길이 막히면 다른 길이 보이듯 대학원 진학을 포기한 김미란은 부산시립무용단(이후 '시립무용단') 오디션을 보았고, 힘든 경쟁을 뚫고 합격한다. 무용을 선택한 순간이 김미란 삶의 첫 번째 전환점이었다면, 시립무용단 입단은 두 번째 전환점이다. 대학에서 인문학적 소양을 탄탄히 다졌다면, 직업 무용단 생활은 춤 자체를 다지는 계기가 되었다. 민속춤, 궁중무용 같은 우리 춤과 현대무용, 악기 등 무용수가 갖추어야 할 고도의 기량을 쌓아간 시립무용단 생활은 직업무용수의 태도와 정신을 확고히 해주었다.

공공무용단에 들어가는 것은 무용 전공자라면 누구나 꿈꾸는 일이다. 안정된 생활을 하면서 최고의 조건에서 춤출 수 있는 생활을 마다할 사람은 없다. 그래서 출중한 무용수들이 공공무용단에 들어가면 대부분 그곳에 안주한다. 당연한 일이고, 누구도 비난하지 못한다. 그런데 단체의 일원으로 공연하다 보면 개인 존재가 소멸하는 것을 경험하게 된다. 무용수 개개인이 작품 속에 녹아들어야만 완성도가 높아지는 큰 작품의 특성상 어쩔 수 없는 일이고, 여기에 더해 개인을 내세우는 창작 활동이 아니라 시민의 세금으로 운영하는 공공무용단이라서 더욱 그런 것이다. 대부분의 무용수는 이런 상황을 이상하게 여기지 않고 그냥 받아들이지만, 간혹 이 상황에 예민한 사람이 있다. 김미란은 예민하게 받아들이는 쪽이었다. 인터뷰에서 김미란은 "무용단 활동 안에 제가 없었습니다."라고 말한다. 이것은 좋고 나쁘고의 문제가 아니라 개인이 어떤 선택을 하느냐의 문제이다. 김미란은 번거롭고 쉽지 않은 쪽을 선택했다.

안주하지 않고 세상의 주름에 뛰어들다.

평소에 글을 읽고, 영화를 보고, 그림을 감상하고, 일상을 영위하는 순간에도 문득 창작의 영감이 떠올랐고, 그것을 충실히 기록하고 기억하고 있었다. 이렇게 가득 찬 내면을 시립무용단 단원 활동만으로 만족시킬 수가 없었다. 자연스럽게 자기만의 작품을 만들어 충만한 내면의 예술적 욕구를 뿜어내기 시작했다. 김미란의 시립무용단 이외 활동은 단순히 다른 사람 작품에 출연하는 데 그치지 않았고, 지원금이 없어도 자기 작품을 꾸준하게 만들었다. 그 결과 8월 25일 '2023 창무 국제공연예술제', '창무 프라이즈' 부문에서 <중中독>으로 작품상을 받았다. 이 상을 계기로 무용계와 언론의 관심을 받았는데, 김미란이 그동안 꾸준히 잘해 오던 것에 비하면 2023년 수상은 오히려 늦은 면이 있다. 수상 경력은 이뿐만이 아니다. 2019년 제53회 처용 창작 전국무용대회에서 <어여쁘소서>로 인기상과 대상을 받았고, 2003년 (사) 한국무용연구회 주최 제13회 신인 안무가전에서 <꽃을 꺾어본 적이 있습니까?>로 작품상을 받았다, 2003년부터 본격적으로 <꽃을 꺾어본 적이 있습니까?>, <얼룩무늬 저 여자>, <청색 시대>, <그에게 가는 길>, <메멘토 모리>, <진흙>, <선물>, <It's a real>, <미궁>, <그리고, 그들은 꽃에 수갑을 채웠다>, <인연>, <표풍>, <벙어리 춘앵>, <버려짐>, <춤 에세이- 살다 보니>, <움트다>, <벌거벗은 임금님>, <크리스마스 캐럴>, <미궁>, <위로>, <중中독> 등의 작품을 창작했다. 2004년에는 <거미집, 벙어리 춘앵, 인연>을 '김미란 무용단' 창단 공연으로 올리면서 대외적으로 활동을 공식화한다. '김미란 무용단'은 뒤에 '김미란 DANCE THEATER zip 集'으로 이름을 바꾸어 활동을 이어간다. 그의 활동 폭은 넓다. 부산민예총 춤 분과 활동, 국립무용단 기획공연, 젊고 푸른 춤 한마당, 대전 시립무용단의 2006 안무가 페스티벌, 춤패 연분홍 공연, 생명 춤판, 창무예술원 주최 내일을 여는 춤 등 기회를 찾아다녔다. 이 밖에도 연극 작품의 안무를 맡기도 했다. 직장 생활을 하면서 이 정도의 활동을 한다는 것이 쉽지 않았을 것인데, 시립무용단 정기공연 2019년 <남풍>, 2020년 <소생>에서 주역을 맡아 존재감을 높였다. 이처럼 시립무용단 활동과 외부 공연 기회를 주저하지 않고 이용하는 것을 보면, 직업무용수에 독립 춤꾼을 더한 이상적인 모습일 수 있다는 생각이 든다.

김미란은 대학 수업에서 알게 된 피나 바우슈(Pina Bausch)의 영향을 크게 받았다고 말한다. 피나가 이끄는 부퍼탈 탄츠씨어터(Wuppertal Tanztheater)는 김미란이 꿈꾸던 이상적인 댄서와 춤, 작품, 단체로 보였다. 실제로 (재)부산문화회관이 기획한 '2019 안무가양성프로젝트 - 몸으로 쓰는 시'에 참가한 <청색시대>의 마지막 장면에서 피나 바우슈의 <마주르카 포고>의 한 장면을 차용하기도 했다. 피나의 영향인지 김미란의 작품은 연극적 요소가 풍부하고 기교적이라기보다 감성적이다. 현란한 동작으로 어필하지 않고 짙은 감성으로 관객의 공감을 풍성하게 끌어낸다. 연극적인 구성과 연기에 가까운 움직임은 깊은 호흡에 실려 연극의 그것과는 다른 춤의 극적 효과로 나타난다. 이런 특성은 "작품에서 주제를 표현하는 데 집중하는 편"이라는 김미란의 말을 증명한다. "작품 의도를 잘 표현하기 위해 목적지를 두고 여러 노선을 그려본다. 많은 경우의 수를 펼쳐두고 만들고 지우기를 반복하면서 복잡하고 아름다운 길을 만드는 것이 제작 과정이며, 이 과정이 설레고 즐겁다"라고도 말한다. 안무는 많은 조건과 가능성을 하나씩 제거해 나가면서, 단순화하는 작업이다. 감성과 이성이 균형을 이루어야 하는 안무 작업은 김미란이 지나온 길과 닮아있다. 수학과 지망생에서 무용 전공으로, 무용 이론가를 꿈꾸다 직업무용수가 되었고, 직업무용수에 머물지 않고 안무자의 길을 가고 있는 그의 선택은 언제나 감성과 이성이 기우뚱한 균형을 잡아가는 과정이었다.

그래서, 김미란은...

부산에서 무용가가 점점 줄어든다는 말은 반만 맞다. 부산의 대학 무용과 통폐합으로 한 해 배출되는 신진 무용가의 수가 극적으로 줄어든 것이 사실이지만, 여전히 부산 춤판을 지키고 있는 무용가들이 건재 한다. 그들의 뒤를 이어 부산 춤판을 살찌울 세대가 줄어든다는 사실이 절망할 정도는 아니지만, 걱정되기는 한다. 이런 현실에서 김미란은 매우 중요한 무용가이다. 역량을 인정받고 안주할 수 있는 조건이 충분한 시립무용단에 있으면서도, 바깥으로 나와 활동하는 그의 행보가 시립무용단이 조직 차원뿐만 아니라 단원 개인의 활동을 통해서도 지역 무용계를 건강하게 할 수 있다는 사실을 증명하는 것으로 보이기 때문이다. 그의 활동 가운데 극단이나 후배 무용단과의 작업은 김미란의 존재가 큰 힘이 된 사례이다. 무용가 한 명이 부산 공연계 전반에까지 선한 영향력을 미칠 수 있다는 것이다. 김미란은 "부산시립무용단이라는 국공립단체에 몸담은 장점을 이용해 좀 더 적극적인 활동을 해 보고 싶습니다."라고 말 한 그대로 실천하고 있다. 또한 "무용을 지키기 위해서는 장르적 폐쇄성을 깨야 하며, 무용의 특수한 고유성은 다양한 장르와 만날수록 가치를 인정받을 수 있다"라고 확신한다. 안주하지 않고, 깨어있기를 게을리하지 않는 그의 행보는 예상할 수 없어서 더욱 기대되고 가치가 있다.

(2023년 11월 19일 댄스포스트코리아)

REVIEW

〈위로 WE-路〉
실존의 부조리를 고민하는 능동의 춤

2023년 12월 8일, 9일 부산문화회관 중극장에서 부산시립무용단 안무가 육성프로젝트 '디딤 & STEP' 무대가 열렸다. 이 프로젝트는 부산시립무용단 단원 개인의 예술적 역량 향상을 위한 창작 기회를 제공하기 위해 기획한 무대인데, 2023년은 부수석 단원 김미란의 작품 〈위로 WE-路〉를 올렸다. 김미란은 2023년 제29회 창무국제공연예술제에서 〈중中독-독 안의 여자〉로 창무프라이즈 최우수 작품상을 받았다. 〈위로 WE-路〉는 1부에서 〈중中독-독 안의 여자〉, 2부에서 〈꽃을 꺾어 본 적이 있습니까?〉, 〈벙어리 춘앵〉, 〈선물〉, 〈넋전〉 등 네 작품을 순환적으로 엮어 내었다. 2부 네 작품의 주인공을 비상임단원들이 대신해 김미란이 자기 작품을 관조하는 형식으로 구성하였다. 1, 2부 5개 작품은 여러 무용제에서 상을 받았다는 의미도 있지만, 김미란이 지금까지 천착한 주제가 무엇인지 알려 준다.

1부 〈중中독-독 안의 여자〉는 독(소래기) 안의 여자(김미란), 독 밖의 남자(최의옥) 그리고 악사(박지영)가 이끌어 간다. 보통 독을 겉모양으로 판단하지만, 용기로써 독은 안이 중요하다. 안에 무엇을 담는가에 따라 용도가 정해지고 이름을 붙인다. 작품에서 독은 '소래기'라고 부르는 것으로 많은 양의 채소를 씻거나 절일 때 쓰고, 목욕통이나 큰 항아리의 뚜껑으로 사용하는 다용도 옹기이다. 소래기를 선택한 이유가 높이가 낮고 아가리가 밑동보다 넓어 안정적이면서 움직이기 좋고, 안에 있는 무용수가 적당히 숨거나 보이기 수월하기 때문일 것이다. 어느 정도 의도했을 수도 있는데, 소래기의 형태와

용도가 삶의 다양성에도 불구하고 죽음의 한계에 갇힌 인간의 실존적 부조리를 상징하는 것 같다. 이 작품은 실존의 부조리에 대한 고뇌를 예술적으로 고백하고 있다. 작품에서 김미란은 능동과 수동이라는 두 가지 실존적 갈등 상황에서 결국 능동적 선택을 하는 존재이다. 독 바깥의 남자가 조정하는 독 안은 안락하게 보이지만, 능동이 부재한 수동의 세계이다. 독이 기울어지고 심하게 흔들리면서 수동의 세계는 언젠가 자기가 감당하지 못하는 상황에 맞닥트리게 된다. 키르케고르는 인간 실존의 조건이 신으로부터 소외된 결과라고 보았다. 이것 때문에 인간 삶은 불안으로 가득하고, 결국 신앙을 택해야만 불안을 극복하고 자아의 회복이 가능하다고 역설한다. 반면 사르트르는 인간의 제조자는 신이 아닌 인간 자신이라고 단언한다. 어떤 결정론도 존재하지 않으며, 개인은 자유롭다. 인간은 자신의 의지에 의해 늘 자신을 만들어내는 존재라는 것이다. <중中독-독 안의 여자>에서 김미란이 악사와 독 밖의 남자 사이의 갈등 상황에서 하는 선택은 일견 키르케고르의 실존처럼 보이지만, 꼭 그렇지만은 않고, 반어적이며 현실적으로도 볼 수 있다. 언제나 능동은 쉽지 않은 선택이며, 자유는 많은 것을 포기해야 얻을 수 있다. 직장인, 아내, 엄마이면서 독립적인 예술가로 인정받고 싶은 현실에서는 수동 안에 능동이 꿈틀대고 능동은 수동이 주는 위안을 자양분으로 삼는 모순적 균형과 혼돈으로 가득하다. 그래서 그의 선택이 어떻게 보이든지 그것에 관해 누구도 옳고 그름을 평가할 수 없다.

　2부의 네 작품은 매듭이 없다. 한 작품에서 다른 작품으로 넘어가는 경계가 분명하지 않다. 모두 김미란의 세계관이 투영된 작품이라 그럴 것이다. 창작한 시간은 각기 다르지만, 김미란의 의식 흐름은 앞의 것을 타고 넘다가 다시 돌아가기도 하는 넘실대는 파도 같은 것이었다. 작품은 그렇게 옴니버스 같아 보이면서 일관된 하나의 작품으로도 보인다. <꽃을 꺾어 본 적이 있습니까?>(출연 최윤정, 김지윤, 손상진, 박정원, 김하림, 음악 이세호)는 자기가 소중하게 여기는 것을 지키려는 일이 혹시 다른 사람에게 상처가 되지는 않았는지를 묻는다. 이 작품은 2003년 제13회 신인 안무가전 작품상을 받아 김미란 활동의 시발점이 되었다. <벙어리 춘앵>(김지윤)은 하고 싶은 말이 너무 많았던 30대에 차라리 혀를 뽑아 버리는 편이 낫겠다는 생각을 말 못 하는 춘앵(봄의 꾀꼬리)에 대입한 작품이다. <벙어리 춘앵>의 모티브는 '춘앵전'이다. 춘앵전은 효명세자가 어머니 순원왕후 40세 탄신을 축하하기 위해 창제한 것으로 봄날 버들가지에 앉아 지저귀는 꾀꼬리의 자태를 무용화했다. 춘앵전에서 창사를 할 때 오색한삼을 낀 양손으로 입을 가린다. 노래하지만, 입을 가리는 행위는 혀를 뽑아도 할 말이 여전히 남아있어 마음으로 읊조리는 상황에 대입할 수 있다. 또한 혀가 뽑힌 것이 아니라 혀를 스스로 뽑는다는 생각은 지독한 자기 억제이다. <꽃을 꺾어 본 적이 있습니까?>와 <벙어리 춘앵>은 타자와의 관계와 소통을 다룬다는 면에서 일맥상통한다. 30대로 넘어가던 때, 폭발적으로 늘어난 관계와 끝없이 확장하는 자아 사이에서 균형을 맞추기가 만만치 않았을 것이다. 내 할 말을 모두 내뱉다 보면 소중한 사람에게 상처를 주었을 것이라는 미안함과 두려움이 생긴다. 그럴 바에는 차라리 내 혀를 뽑겠다는 자의식의 과잉이자 자기 학대에 가까운 선택은 1부에서 보여 준 <中독-독 안의 여자>의 반어적 선택과도 닮아 있었다. '어느 날 죽음이 내게 배달된다면'이라는 당혹스러운 전제를 풀어내는 <선물>(김하림)과 언젠가 오지만, 그것이 언제인지 알 수 없는 것이 죽음이라면 죽음과 나란히 걸어 보는 건 어떨까? 라는 죽음을 긍정할 수밖에 없는 인간 존재의 태도를 다룬 <넋전>(박정원)은 죽음을 중심 모티브로 다룬다. 일견 다른 두 작품과 결이 달라 보이지만, 죽음이 실존의 확실한 전제이기 때문에 실존의 문제를 다룬다는 면에서 <중中독-독 안의 여자>, <꽃을 꺾어 본 적이 있습니까?>, <벙어리 춘앵>과 다르지 않다. 그래서 2부의 네 작품을 자연스레 연결할 수 있었고, 1·2부가 하나의 흐름으로 이어진다. 무엇보다 작품마다 김미란이 등장해 주연을 맡거나 관조하는 장면은 5개 단편에 일관성을 부여한 연출 효과를 보여주었고, 다르지만 같은 그의 작품 세계를 알려주기에 충분했다. 다만, 이 과정에서 중복된 메시지와 뒤섞인 플롯이 혼란을 가져온 면이 있었는데, 어차피 하나의 흐름에 놓을 것이라면 더 과감하게 압축했어도 좋지 않았겠느냐는 생각이 든다.

공연 제목은 <위로 WE-路>다. '위로(慰勞, consolation)'이면서 '우리 모두의 길(WE-路)', 즉 누구나 가는 길이기도 하다. '위로'는 '받는 것'이 아닌 '하는 것'이다. '위로'는 능동일 수밖에 없다. 당사자가 아니기 때문에 얼마나 아픈지, 고통이 그를 얼마나 파괴하는지 진정으로 아는 것은 불가능하기 때문이다. 그래서 인간은 타자를 진정으로 위로할 수 없다. 김미란은 자기 위로 상황을 관객에게 드러내어 관객 각자가 능동적 자기 위로를 생각하게 했다. 2부 작품에서 김미란의 역할을 대신한 비상임 단원들은 이 공연을 끝으로 무용단을 떠나야 하는 상황에 있었다. 어쩌면 이 공연을 통해 가장 먼저 스스로 위로한 존재는 그들이지 싶다. 끝나지 않는 불안 속에서 타자의 실존적 갈등에 몸을 던져 공감한 그들이기에 위로를 가장 먼저 가져갈 수 있었을 것이다. 이렇게 출연자와 관객 모두가 보편적 존재만이 아닌 실존적 자아라는 사실을 보여 준 <위로 WE-路>는 능동적 자기 위로로 통하는 춤이 되었다.

(2024년 1월 댄스포스트코리아)

김옥련

'부산 발레'의 다른 이름

　　지난해 9월 부산시민회관 대극장에서 김옥련 발레단의 대표 가족 발레극 <거인의 정원> 공연이 있었다. 이 작품은 2014년 초연 이후 한 해도 빠짐없이 공연한 '메이드 인 부산 가족 발레' 작품으로, 부산에 연고를 둔 민간 발레단의 창작 공연으로는 전례가 없는 하나의 '사건'이었다. 이 '사건'의 중심에는 안무가이자 발레리나인 김옥련이 있다. 그의 춤 여정을 살펴보면 서사무가 '바리데기'가 떠오른다. 아들을 바라던 나라의 일곱째 딸로 태어나 버림받았지만, 아버지(왕)의 병을 고칠 약을 구하는 험난한 길을 떠나 온갖 고초를 겪고도 기어이 죽은 아비를 살려낸 바리데기. 김옥련은 이름만 남은 부산의 발레를 '부산 발레'로 악착같이 지켜 낸, 그래서 꺼져가는 부산 발레를 회생시킨 부산 발레의 바리데기라고 부를 만한 무용가이다.

　　김옥련이 본격적으로 발레에 입문한 계기는 고등학교 입학식 날 우연히 눈에 들어온 무용실 때문이었다. 넓은 마룻바닥과 창가에 기다랗게 늘어선 Bar 가 있는 텅 빈 무용실을 보는 순간, 춤이 운명처럼 다가왔다. 선배를 따라 발 레를 배우기 위해 처음 갔던 곳은 '황창호 발레 학원'이었다. 황창호는 송범 의 제자로 국립발레단의 전신인 한국발레단 솔리스트로 활동하였고, 1969년 부산에 발레 학원을 열어 김정순(전 신라대 교수), 민병수(부산대 교수), 이원 국, 김용걸 등을 키워 내었으며, 부산 최초의 민간 발레단 '부산창작발레단' 을 창단한 부산 발레의 스승 격인 인물이다. 김옥련은 황창호 선생을 통해 민 간 발레단 운영의 고충을 알게 되었고, 대규모 창작 발레에 출연할 기회를 얻 었으며, 한국적 소재 발굴에 흥미를 갖게 되었다. 대학 시절 조숙자 교수에게 서 다양한 테크닉과 클래식 레퍼토리를 배웠고, 신정희 교수는 소극장 창작 발레 공연과 서울 진출이라는 값진 경험을 갖게 해주었다. 대학 2학년 때 생 애 처음으로 VTR로 ABT의 <돈키호테>를 접했다. 세계적인 발레단의 기량 과 공연 규모에 감동해 사흘을 공연 영상만 보았다고 한다. 이 모두 김옥련 춤 의 소중한 자산이 되었을 뿐만 아니라, 부산 발레를 지켜 낸 원동력의 중요한 부분이 되었다.

대학 졸업 후 꿈꾸었던 무용 교사가 되었지만, 1년 6개월 만에 사직서를 제 출했다. 안정적인 생활이 보장된 자리를 박차고 나온 이유는 배움에 대한 열 망과 새로운 것에 도전하고 싶은 열정, 그리고 춤에 대한 그리움 때문이었다. 직장을 나와 곧바로 이화여대 대학원에 진학했다. 대학원에서 발레블랑 활동 으로 더 넓고 치열한 세상에 자신을 던졌다. 대학원을 마치고 러시아 유학 기 회를 잡아 준비하던 중 든든한 지지자였던 아버지가 교통사고로 갑자기 돌아 가신다. 이 일로 김옥련은 부산으로 돌아와 대학과 예고, 사회단체에서 발레 를 가르치는 교육자로 활동하면서 동인 단체 '그랑발레'를 창단(1991년)한다. 동인 단체 공연을 하면서 청소년을 위한 <찾아가는 발레 공연>을 기획하였다. 당시 발레는 물론 춤에 관한 이해가 아예 없었던 중고등학교 선생님들을 찾아가 설득하였는데, 무료 공연인데도 불구하고 불통 자체였다. 어렵게 한 두 곳 학교를 찾아 장소에 상관없이 공연하기를 4년이 지나 단원들의 반대로 결국 포기하게 되었다. 동인 단체 활동 기간 다양한 형식의 무대를 경험하면서 작품을 만들고 공연을 올리는데 많은 노하우를 쌓을 수 있었고, 이것은 새롭고 다채로운 작품을 구상하는데 밑거름이 되었다.

1994년 영국 연수는 시각과 사고의 폭을 넓힌 또 하나의 전환점이었다. 특히 나이와 성별에 상관없이 누구나 발레를 즐기는 문화는 큰 깨우침을 주었고, 여러 면에서 수십 년의 차이를 실감하면서, 자신이 앞으로 해야 할 일을 구체화하는 계기가 되었다. 청소년의 눈높이에 맞춘 공연을 기획하고, '가족 발레'를 구상하고 실행한 그였기에 영국인이 발레를 즐기는 방식에서 남다른 영감을 받았을 것이다. 김옥련은 아이디어를 실현하기 위해 1995년 '김옥련 발레단'(이후 '발레단')을 창단한다. 의지는 충분했지만, 아이디어를 실현할 동지가 필요했다. 역량 있고 믿을 수 있는 연출가, 대본 작가, 작곡가, 무대 디자이너와 함께 시리즈 작품을 만들고 싶었다. 때마침 만난 연출가는 "어떤 일이 있어도 10년 동안 버티고 해낼 자신이 있다면 동참하겠다."는 약속을 요구하였고, 그날 이후 두 사람은 지금까지 예술적 동반자로 지내고 있다.

호흡이 잘 맞는 예술적 동지를 만난 김옥련은 무서운 기세로 작품을 만들어 간다. 2002년 <가자, 숲속으로>는 해마다 주제와 형식을 달리하면서 온 가족이 즐길 수 있는 '가족 발레' 개념을 만들어 낸 작품이었고, <숲속 발레>로 지금까지 이어진다. 가족 발레는 2014년 <거인의 정원>으로 폭을 넓혀 발레단의 대표 레퍼토리로 자리 잡았다. 2012년 공연장 상주단체로 선정되면서 선보인 <운수 좋은 날>은 발레를 기반으로 다양한 춤과 노래가 더해진 '발레컬'의 시작이었다. 이후 이상의 <날개>, 김동인의 <운현궁의 봄> 등 문학과 발레를 접목한 다양한 발레컬 작품을 발표하였다. 관심은 문학에서 그치지 않았다. <해운대 연가-최치원>, <시인 김민부>, <윤흥신 찾기>, <부산시민 장기려> 등 부산과 관련한 인물을 재조명하는 작품을 창작하였다. 발레단의 대표 작품 중 하나인 <분홍신 그 남자>를 포함한 몇몇 작품에서는 타 장르 예술가와 협업해 다양한 스펙터클을 만들어 내었다.

김옥련은 자신의 이름을 내세운 발레단으로 부산 발레의 명맥을 유지하는 데 그치지 않고, '발레컬', '가족 발레' 같은 새로운 장르를 개척하기까지 했다. 극장을 벗어나 백화점, 바다, 지하철 공간을 무대 삼아 공연하였고, 발레를 보기 어려운 시설이나 문화 소외지역을 찾아가 <꿈꾸는 비상>, <별>, <아테네로 풀어쓰는 발레 이야기>, <별별별 별이야기>, <발레 나들이 공연>으로 관객을 만났다. 미래의 관객이 될 어린이와 청소년을 대상으로 놀이형 발레 교실을 열었고, 관객 개발을 위해 발로 뛰는 공격적인 홍보를 감행하였다. 덕분에 발레단 공연은 언제나 만석이었으며 지금까지 두터운 관객층을 유지하고 있다. 이것만 해도 김옥련이 부산 발레 판에 끼친 영향을 충분히 알 수 있다. 한편, 이 모든 성과를 오롯이 김옥련이 이루어 냈다는 사실은 여러 가지 생각을 하게 한다. 그가 그렇게 발버둥 치듯 치열할 때 부산 무용계는 그를 위해 무엇을 했는지 같은 것 말이다. 그를 믿어주는 소수의 동반자만 있었고, '도대체 무엇을 위해서 저렇게 기를 쓰고 하는지', '부산에서 발레를 해서 이룰 게 뭐가 있어?'라는 비아냥대는 말을 듣거나, 차가운 무관심의 시선을 견뎌야 했던 김옥련은 부산 춤판, 부산 발레의 아픈 손가락이며, 누구도 신경 쓰지 않았던 바리데기 같은 존재이다. 결국 바리데기는 죽은 목숨을 살리고, 사람들에게 새로운 세상이 분명히 있다는 사실을 보여주었다. 지금은 부산에서 활동하는 젊은 민간 발레단의 활동이 조금씩 드러나고 있다. 아마 김옥련의 맹목에 가까운 활동이 없었더라면, 지금처럼 부산 발레가 다시 기지개를 켜는 모습을 더 늦게 보았을 것이다. 의지를 가진 한 사람이 얼마나 많은 일을 할 수 있는지, 그것으로 인해 사람들의 인식 변화가 얼마나 큰지를 증명해 보인 김옥련은 '부산 발레'의 또 다른 이름이다.

(2023년 1월 4일 댄스포스트코리아)

〈거인의 정원〉
부산 발레의 저력이 함축된 경쾌한 중량감의 무대

객석을 가득 채운 관객의 낮은 웅성거림만으로도 공연장의 공기는 들떠있었다. 20년 넘게 부산을 지키고 있는 김옥련 발레단(대표 김옥련)의 창작 가족 발레 〈거인의 정원〉(안무 김옥련, 연출·대본 유상흘, 9월 29일~10월 1일) 막이 오르기 전 부산시민회관 대극장은 부산에서 보기 드문 풍경이 펼쳐지고 있었다. 오스카 와일드의 동화 〈욕심쟁이 거인〉(1888년)을 발레로 창작한 〈거인의 정원〉은 원작 동화의 주제에 맞게 가족 발레로 만들어졌다. 2014년 해운대문화회관에서 초연한 후 올해까지 매년 빠지지 않고 공연하고 있다. 부산에서 창작 가족 발레 작품을 이처럼 오랜 시간 공연한 전례가 없다.

오스카 와일드의 동화 원작에서는 거인이 늙어 예전 자신이 안아서 나무에 올려 주었던 소년을 다시 만난다. 소년은 거인을 자신의 정원으로 인도하고, 거인은 그렇게 천국으로 간다는 결말이다. 소년이 예수를 상징하는 설정으로 종교적 의미까지 포함한다. 〈거인의 정원〉은 아이들에게 마음을 연 거인의 정원에 봄이 찾아오고, 거인과 아이들이 신나게 노는 것으로 끝을 맺는 식으로 내용을 단순화해 관객이 이해하기 쉽게 만들었다. 힘이 있고 가진 것도 많은 거인과 작고 약한 아이를 대비시켜 자신이 가진 것을 나누고, 사소해 보이는 친절이 모두를 행복하게 한다는 메시지를 전한다.

작품은 어린이와 발레를 처음 보는 어른도 전개를 쉽게 알 수 있도록 일곱 장면으로 구성했다. 거인(방도용)과 집사(서원오)를 노련한 연극배우가 맡아 표현의 구체성을 높였고, 발레와 현대무용 춤꾼을 같이 캐스팅해서 결이 다른 춤이 어우러지는 장면을 연출해 대립과 비교 장면에 이용하기도 했다. 곳곳에 배치한 디베르티스망은 관객에게 발레의 묘미를 만끽하게 해주었다. 연극적 연출과 현대무용 춤꾼이 출연했다고 해도 발레라는 정체성을 놓치지 않았다. 가족 발레는 어린이의 시각은 물론 부모의 관점까지 배려해야 하는 점에서 결코 만만한 작업이 아니다. 어린이가 흥미를 갖기 위해서는 주제와 소품, 캐릭터, 연기에 어린이의 시각을 반영해야 하며, 부모의 흥미와 만족까지 끌어내기 위해서는 장르 특성을 충실하게 살리고, 작품의 완성도가 높아야 한다. <거인의 정원>은 8년 동안 공연하면서 가족 발레가 갖춰야 할 조건을 다져왔다. '가족'이라는 수식을 떼어내고 하나의 발레 작품으로 보아도 이번 공연의 완성도가 높은 이유가 여기에 있다.

<거인의 정원>이 지닌 가치는 한둘이 아니다. 첫째, 가족 발레라면 서울이나 외국 발레단을 초청해서 연말에 공연하는 <호두까기 인형> 정도가 전부였던 부산에서 창작 가족 발레로써 갖는 가치이다. 둘째, <거인의 정원> 제작 과정에 부산 춤판의 역량이 고스란히 반영된다는 점이다. 발레 무용수가 절대적으로 부족한 상황에서 안무자는 부산의 역량 있는 춤꾼을 장르에 상관없이 섭외하고 출연시켰다. 언뜻 보면 그렇게 해서 제대로 된 발레 작품이 나올까 싶지만, 주요 배역을 기량이 출중한 발레 무용수에게 맡겨 발레 작품의 기본을 지키는 동시에 여러 장르를 아우르는 풍성함을 더했다. 셋째, 관객 개발의 모범을 보인 점이다. 발레단 공연은 객석이 비는 경우가 없다. 부산은 무용을 즐기는 관객층이 얇아 작품과 장르에 상관없이 관객 유치가 쉽지 않다. 특히 사설 무용단은 어려움이 더 크다. 이런 상황에서 김옥련 대표는 작품의 주

관객층을 직접 찾아다니며 관람을 권유했다. 하나의 공연을 위해 수십 곳을 방문하는 것은 예사이다. 그야말로 발로 뛰었다는 말이다. 관객은 어지간히 인지도가 높지 않으면 움직일 생각을 하지 않는다. 김옥련 대표는 작품의 의미를 일일이 설명하고, 왜 공연을 보아야 하는지를 설득했다. 오랜 시간 지켜온 이런 방식으로 김옥련 발레단의 존재를 알리고, 고정 관객을 넓혀갔다. 넷째, 김옥련 발레단 그 자체의 가치이다. 김옥련 발레단은 2002년 <가자! 숲속으로>를 시작으로 13개 작품을 창작했다. 생각해보면, 도대체 어떤 지역의 사설 발레단이 이런 성과를 낼 수 있겠나 싶다. 이런 사실만으로도 김옥련 발레단이 현재 부산 발레 흐름의 중심에 있으며, 부산을 대표하는 발레단이라고 해도 과언이 아니다.

홍보물에 이런 문구가 있다. "세상에서 가장 어려운 일은 사람의 마음을 얻는 것이고, 진실한 아름다움은 사람의 마음 속에 있답니다." 작품이 전달하려는 메시지를 담은 이 문구는 김옥련 발레단이 견디며 추구한 목표처럼 보인다. 발레에 관한 인식이 열악하고 관객층도 없다시피 한 지역 무대에서 사람들의 관심을 끌어 마음을 얻는 일의 어려움은 굳이 말할 필요가 없을 것이다. 누구도 알아주지 않지만, 무대를 지키면서 쉬지 않고 창작하다보면 언젠가는 알아줄 것이라는 믿음, 그것이 없었다면 무관심을 견딜 수 없었을 것이다. 자신의 것을 내어주고서야 아이들의 마음을 얻어 봄을 맞이한 거인은 자신의 예술적 역량을 모두 내어놓고서야 관객의 마음을 얻을 수 있는 예술가의 삶과 닮았다.

<거인의 정원>은 동화를 소재로 한 단순한 가족 발레에 그치지 않는다. 부산 발레의 현재를 보여주는 춤으로 부산 발레의 미래를 받쳐 줄 든든한 후원

자로 성장할 관객의 기대를 충족시킨, 가치 확장성이 매우 큰 작품이다. 만약에 '굳이·왜·어려운 현실에서 발레 작품을 창작했을까?'라는 의문을 떨칠 수 없다면, <거인의 정원>을 보고 또 보라고 권하고 싶다. 거인이 바랐던 봄이 그저 그런 봄이 아니라는 것을 알아차릴 때까지 말이다.

(2022년 10월 18일 댄스포스트코리아)

김평수

자기 고백의 지독한 몸짓으로
공동체를 위한 춤을 추구하다

　　2023년 3월 25일 우리나라 양대 예술단체 중 하나인 한국 민예총 신임 이사장에 부산을 중심으로 활동하는 현대 무용가 김평수가 취임했다. 그는 '예술 행동'을 지속하면서 춤의 사회적 역할을 다하는데 누구보다 열정적인 무용가이다. '예술 행동'은 사회 문제 참여를 위해 벌이는 예술가의 예술 행위를 말한다. 부산 예술인들은 2021년 그를 역대 최연소 부산 민예총 이사장으로 선출했고, 한국 민예총 이사장까지 맡게 되었다. 무용가 김평수를 지켜본 입장에서 두 단체의 단체장을 맡는 것 때문에 창작과 멀어지지 않을까 걱정이 들기는 하지만, 부산 민예총 이사장직을 수행하면서 창작 춤 <소나기>를 안무하고 출연까지 한 것을 보면, 예술가의 정체성을 잃지 않으려는 노력을 게을리 하지 않을 것 같다.

　　김평수의 춤을 아우르는 열쇠 말은 '저항'이다. 춤은 일차적으로 중력에

'저항'하는 행위다. 니체는 『차라투스트라는 이렇게 말했다』에서 중력의 악령을 떨쳐내고 날기 위해서 춤추는 법을 배워야 한다고 했다. 여기서 중력의 악령이란 자기 자신을 사랑하는 법 배우기를 방해하는 기만과 위선이다. 즉, 인간 존재의 자유를 부정하고 방해하는 모든 장치를 의미한다. 그러니 춤의 저항은 물리적인 면과 존재적인 면을 포함한다.

주의력결핍 과잉행동장애(ADHD)가 아닌지 의심받을 정도로 활발했던 어린 김평수의 주체할 수 없었던 감정과 에너지는 춤을 추면서 고스란히 예술적 자산이 됐다. 울산예고에 진학한 그는 수업 과정을 잘 따르지 않던 반항적 학생이었지만, 나가는 콩쿠르마다 대상을 휩쓸었다. 거의 모든 규율과 질서를 온몸으로 거부하면서도 좋아하는 춤만은 남에게 뒤지기 싫었다. 그의 첫 번째 '저항'은 이처럼 다소 미숙하지만, 열정적이었다.

두 번째 '저항'은 절망적인 불운에 굴하지 않는 것이었다. 군 제대 6개월 전 낙하 훈련에서 착지하다가 심한 척추 손상을 입었고, 잘하면 겨우 걸을 수는 있겠다는 진단을 받았다. 춤을 추지 못할 수도 있다는 사실이 견딜 수가 없었지만, 포기하지 않았다. 이를 악물고 재활을 한 결과 가벼운 점프가 가능할 정도까지 회복했고, 복학해서 춤을 추었다. 지금도 그의 척추는 믿을 수 없을 정도로 손상된 상태지만, 춤 때문에 이만큼 버티고 있다. 신라대학교 02학번이었던 그는 과 1등에게만 주어지는 교사자격증을 받기 위해 자퇴하고, 09학번으로 다시 입학한다. 기어이 교사 자격증을 받았고, 장애인과 노인을 가르칠 수 있는 사회예술 강사 자격까지 취득해 무용 특수교육 분야에서 다양한 경험을 쌓았다. 현재 부산의 장애인, 아동 무용 교육에서 그의 위치는 확고하다. 그의 두 번째 '저항'이 예술 교육으로 타인에게 전이되는 이타적 확산을 한

셈이다.

2017년 신인 춤 제전에서 초연한 창작 춤 <반성문>은 김평수 춤의 중심이
된 작품이다. '지독한 자기 고백의 몸짓'(필자의 리뷰에서 인용)으로 가득한
이 작품은 삶의 슬픔과 아쉬움을 지독할 정도로 내면화한 움직임으로 자신을
극한으로 몰아붙인다. <반성문>에서 자기 고백은 너무나 지독해서 타인의
위로가 끼어들 여지조차 남기지 않는다. 반복하는 우리의 반성처럼 <반성
문>은 여러 차례 개작을 거쳐 최근까지 공연했다. 설명적 구성과 격렬한 움
직임에 부드럽고 정적인 몸짓을 더 했으며, 반성의 대상을 자신으로 한정하
지 않고, 성찰과 구도의 경지로 끌어 올렸다. 작품 제목대로 반성을 통한 삶의
변화를 끌어낸 수행적 작품이다.

세 번째는 기성 춤 계의 자기도취적이고 권위적인 태도에 대한 '저항'이다.
위계를 이용해 후배, 제자를 대가 없이 이용하는 풍토를 특히 경멸하는데, 자
신도 피해자이기 때문이다. 무엇보다 사회문제에 등을 돌리고 이른바 순수만
을 지향한 기성 춤 계의 무기력한 태도에 깊은 회의를 느꼈다. 부산 일본영사
관 앞 소녀상에서 정기적으로 벌인 예술 행동과 세월호 희생자를 기리는 춤,
노동자의 억울한 죽음을 위무하는 춤, 지리산에서 희생된 빨치산을 기리는
춤 그리고 부마 민주항쟁을 모티브로 한 안무 <필 때까지> 같은 짙은 저항성
을 별다른 극적 장치에 의존하지 않고 춤만으로 표현해 내었다. 모두 최근 5,
6년 안에 이루어졌는데, 이 시기에 부산 춤판은 그를 포함한 30대, 40대가 창
작의 중심으로 급격히 부상한다. 자신도 모르는 사이에 부산 춤판 세대교체
의 중심에 서 있게 된 셈이다.

미술 평론가이자 큐레이터 니콜라 부리오(Nicolas Bourriaud)는 저서 『엑

스폼』에서 '리얼리즘 작품은 권력 장치가 배제의 체계와 그 폐기물(물질적이든 비물질적이든)에 씌워놓은 이데올로기의 베일을 걷어 올리는 작품이다.' 라고 했다. 리얼리즘이 형식의 문제가 아니라는 사실을 강조한 것이다. 이것을 동시대 부산 무용에 적용해 보면 리얼리즘의 일면을 김평수의 작품에서 찾을 수 있다. 그렇다고 그의 춤 전반을 리얼리즘으로 설명 가능한 것은 아니다. <반성문>을 기준으로 <7전 8기>, <씨앗에서 새싹까지>, <가득 찬 시간>에 이르는 자신에 몰두하는 작품과 <필 때까지>, <Don't forget me>처럼 사회를 응시하는 작품, <소나기>에서 보여 준 소설을 해체적으로 텍스트화한 시도는 존재가 자신이 처한 장소와 역사적 위치에 따라 세계의 다양한 의미와 진리를 구성한다고 보는 '약한 사고' 혹은 '약한 존재론(weak ontology)'을 증명하는 듯하다. 격렬하고 강한 춤으로 말이다.

(2022년 4월 4일 댄스포스트코리아)

REVIEW

〈소나기-잠깐 내린 비 II〉
담백한 구성, 풍성한 이미지로 초연을 뛰어 넘은 재구성

김평수 안무의 〈소나기-잠깐 내린 비〉는 2020년 청년연출가 작품 제작 지원 사업에 최우수작으로 선정되어 같은 해 11월 부산문화회관 중강당에서 초연한 작품이다. 이후 청년연출가 다년 지원에 선정돼 2021년 12월 23일 부산 북구문화예술회관에서 작품을 재구성해 공연했다. 이번 공연에는 김평수, 정혜원, 박준형, 김민찬, 이효은, 박지연, 최수연, 우정제 등 8명이 출연했다.

초연에서 탄탄한 구성과 독창적인 움직임, 상징적 장치를 적절하게 이용한 점에서 좋은 평가를 받았던 반면 주제를 풀어내는 데 공연 시간 85분이 다소 길다는 점과 잦은 암전으로 작품의 흐름이 끊긴다는 지적을 받았다. 1년 동안 작품의 장단점을 분석해 과감하게 재구성한 결과 공연 시간을 약 30분 줄였고, 작품 전체를 4쌍의 듀엣으로 끌고 가는 방식으로 변화를 주었다. 서사를 줄이고 이미지를 강화한 것이다. 서사를 줄였다는 말은 이야기를 세심하게 풀어간 초연과 달리 각 장의 이음 고리를 단순화해 줄거리를 모두 풀어내기보다 징검다리 건너듯 필요한 부분만 제시했다는 의미이다. 강화한 이미지는 관객의 해석 폭을 넓혔고, 춤에 집중하게 하였다.

〈소나기-잠깐 내린 비〉는 황순원의 소설 〈소나기〉를 모티브로 했다. 소설에서 소녀가 죽는 결말을 소녀가 죽지 않고 가족이 도시로 이주한 것으로 설정했다. 아들의 사업 실패로 고향으로 내려왔던 윤 초시네는 양평읍에서 가게를 차리려던 계획을 바꾸어 병약한 증손녀를 데리고 대처로 나갔다. 도시

는 윤 초시네의 마지막 자존심까지 짓밟았다. 가족은 살길을 찾아 뿔뿔이 흩어졌고, 소녀도 돈을 벌기 위해 직업을 찾아 나섰다. 냉정한 도시는 병약한 소녀에게 쉽게 자리를 내어주지 않았다. 시골의 추억은 점점 흐리고 아련하게 잊혀갔다. 소년도 도시로 향했다. 황폐한 시골에서 젊은 그가 할 일은 없었고, 미래도 불투명했다. 소녀를 만날 수 있을 것이라는 실낱같은 희망도 가슴 한편에 품고 있었다. 도시에서 소년은 도시 밑바닥 곳곳에서 겨우 숨 쉬면서 욕망의 밑바닥을 지탱하고 있는 수많은 소년 중 한 명일 뿐이었다. 도시는 그들의 젊음을 끊임없이 소모했다. 자본이 만든 욕망의 성취가 손에 잡힐 듯했지만, 안타깝게도 허상이었다. 그들은 결코 그곳에 도달하지 못하고, 되돌이표에 갇힌 것도 모른 채 지쳐가고 있었다. 소년과 소녀는 우연히 다시 만나 서로의 아픔을 나눈다. 잠깐 내렸던 비, 소나기는 그들의 삶에서 유일한 순수의 세례로 남아있었다. 현실에 맞서는 유일한 길은 희망을 잃지 않는 것이다. 이런 전개가 다소 상투적일 수 있겠지만, 익숙하다는 뜻도 된다. 동시대 청년의 현실을 투사한 이 작품은 소설과 달리 익숙하고 분명한 결말을 선택하였다. 초연에서는 결말에 이르는 과정을 자세하게 표현했다. 프롤로그부터 이야기를 풍부하게 전개하고, 관객이 흐름을 놓치지 않도록 설명적 장면을 곳곳에 삽입했다. 그래서 작품이 길어졌고, 평자들은 그 부분을 지적했다. 이번 재공연은 프롤로그와 에필로그를 제외한 이야기의 고갱이만 남겼다. 이로 인해 전개가 빨라지면서 이미지 전환이 역동적으로 이루어졌다. 초연에서 소년과 소녀는 이 시대 힘든 상황에 부닥친 청년들을 대표하는 인물로 설정하였고, 그 외 출연자들을 그들의 대표성을 뒷받침하는 익명의 존재로 표현하였다. 이번 공연에서 4쌍의 남녀는 각각 사연을 품은 존재로 익명을 벗어나 당당한 캐릭터가 되었다. 작품은 서사의 압력을 견디고 치우침 없이 풍성한 이미지를 만들어 내면서 초연과 아예 다른 작품이 되었다.

결과적으로 초연의 결점을 보완한 성과를 얻기는 했지만, 몇몇 부분에 아쉬움이 있다. 먼저 공간과 작품이 어울리지 못한 점이다. 이 무대는 작품이 내뿜는 에너지를 감당할 수 없는 공간이다. 공간의 협소함과 구조로 인해 퍼져나가야 할 군무의 에너지가 갇히는 경우가 허다했다. 원하는 무대를 원하는 시간에 잡기가 쉽지 않은 일이라서 이 문제를 전적으로 안무자의 책임으로 돌릴 수는 없겠지만, 이 공간을 선택했을 때 작품과 공간의 관계를 한 번쯤 생각했어야 했다. 또 한 가지는 남녀 2인무가 메마르게 보인다는 점이다. 잠깐 내린 비 소나기라는 말의 뉘앙스는 감성적이고 아련한데, 춤은 강렬하기만 했다. 적어도 남녀 듀엣에서만큼은 더 감성적인 춤을 보였으면 좋았을 텐데, 춤을 추는데 몰두해 감성적 표현을 놓친 것 같았다. 이는 움직임을 더하고 더하는 김평수의 안무 방식 때문으로 보인다. 춤꾼들이 엄청난 양과 난이도의 춤을 감당하는데 열중한 나머지 감성적 표현을 할 여유를 충분히 갖지 못한 것이다. 잘 춘다는 것은 폭넓은 감성까지 표현하는 것이다.

　　대부분 일회성에 그치는 춤 작품이 재구성할 기회를 얻기는 흔치 않다. <소나기-잠깐 내린 비>는 드문 기회를 얻었고, 그것을 잘 활용했다. 이 작품은 탄탄한 구성에 충실한 방식으로 창작했다가 구성의 압력을 벗어난 경험까지 하였다. 이를 바탕으로 적절한 공간(무대)을 선택해 감정의 높낮이가 확연한 춤으로 다시 만나기를 바란다.

(2022년 1월 22일 댄스포스트코리아)

박광호

다양한 예술적 외피로
지역의 리얼리티를 담아내다

울산은 우리나라 6개 광역시 중 가장 늦게(1997년) 광역시가 된 도시로 공업도시로 알려진 곳이다. 대학 무용과는 없지만, 2000년 12월 창단한 시립무용단이 있으며, '처용무'·'전화앵'·'울산학춤' 등 신라시대부터 이어 온 춤 전통이 살아있고, 지역 장터를 돌아다니며 풍물·솟대타기·죽방울 놀이·줄타기 같은 기예와 탈놀이를 펼친 '죽광대 놀이'의 흔적도 남아있다. 무용 단체나 개인 무용가가 많은 편은 아니지만, 지역의 역사와 현실 문제를 담은 작품이 꾸준히 생산되고 있다.

박광호는 울산의 공연 판을 전천후로 누비며 참여하는 판마다 춤에 자신의 색을 입히고, 다른 장르와 어우러지면서 존재감을 부각하는 무용가이다. 전문 무용가의 길로 들어서기에 다소 늦은 고3 때 무용을 시작한 박광호는 애초 관악기를 배우고 있었지만, 호흡기 쪽이 좋지 않아 담임 선생님의 권유로 무용으로 전환했다. 악기를 배운 경험은 박광호가 무용가로 활동하는데, 큰 도움이 된다. 처음 학원에서 현대무용을 접하고, 남자가 타이즈만 입고 수업하는 것에 충격을 받아 한국무용을 선택했다. 대학 입학 후 정신없이 여러 공연에 참여했고, 콩쿠르도 준비할 기회가 생겼지만, 춤을 춘 기간이 짧아서인지 정체성을 제대로 갖지 못했던 그는 부담감 때문에 도망치듯 군에 입대했다. 제대하고 다행히 안정을 찾아 적극적인 대학 생활을 할 수 있었고, 졸업 후 부산시립무용단 비상임단원, 창원시립무용단 상임단원, 정동극장 단원으로 활동했다. 그뿐만 아니라 '창작집단 놀', '놀래놀래', '아트키네틱 바람' 등 작은 단체를 만들거나 다른 단체와 협업을 이어갔다. 이 시기에 선생님, 선후배, 동료에게 춤을 배우면서 고민이 깊어졌고, 다른 장르 예술가들과 관계를 맺고 무용가로서 입지를 쌓으며, 예술적 스펙트럼을 넓혀갔다.

박광호의 춤 세계를 규정짓기는 쉽지 않다. 한량무, 학춤 등 전통춤과 창작춤을 거리낌 없이 넘나드는 것에 그치지 않고, 태평소·기타·건반 등 악기를 다루고, 죽방울 놀이·버나돌리기를 수준급으로 하고, 사물을 다루는 솜씨는 전문 악사 못지않다. 작곡과 음악 편집도 능숙하다. 그의 춤은 우리 춤의 진중함과 자유로운 힘, 그리고 남성성과 여성성을 매끄럽게 오가는 맛이 있다. 여성 춤꾼들과 군무에서 남성 춤꾼의 전통적인 역할을 하면서도 이질감 없이 여성 춤에 녹아든다. 무대에서 자신이 나설 때와 기다리고 머물러야 할 때를 판단하는 능력이 탁월하다. 이런 다양한 능력 때문에 한때 부산 춤판에서 박광호가 출연하지 않은 공연을 찾기 어려울 정도로 그에 대한 믿음이 두터웠다. 부산과 경남, 울산, 서울까지 그를 필요로 하는 작품이 많았다. 그의 춤 여정에 변화가 생긴 것은 반려자를 만나 울산에 정착하면서부터다. 반려자인 행위예술가이자 미술가 이뤄라는 울산을 중심으로 파격적인 퍼포먼스를 펼치는 작가인데, 두 사람의 만남은 서로에게 시너지 효과를 가져왔다. 춤과 퍼포먼스는 움직임과 상황, 시간을 이용한다는 점에서 비슷하지만, 춤 작품이 서사와 음악에 의존하는 것에 반해 퍼포먼스는 일정한 서사보다 수행성을 기대한다는 점에서 다르다. 수행성은 발화를 통한 변화를 말하는데, 여기서 발화는 언어적 발화만이 아니며, 관객이나 참여자가 퍼포먼스의 과정과 결과에서 어떤 변화를 감지하거나 변화 과정을 체험하는 것이다. 춤과 퍼포먼스가 만나면, 춤은 수행성을 얻고, 퍼포먼스는 서사를 갖게 된다. 두 사람은 춤과 퍼포먼스의 장점을 공유하면서 자기 영역을 확대하고 상대를 변화시켰다. 이로써 박광호는 다른 무용가가 경험하기 쉽지 않은 또 하나의 예술적 외피를 얻게 되었다.

그에게 기억에 남는 작품을 물었다. 2019년 '창작집단 달'에서 창작한 <뭍으로 나온 처용>을 들었다. '창작집단 달'은 박광호가 10여 년째 예술 감독을 맡은 단체이다. 이 작품 창작에 참여하면서 노동자의 삶과 노동의 가치 그리고 현실에서 노동자의 고충에 관해 고민했다고 한다. 공업도시 울산에서 다수를 차지하는 노동자의 현실을 살펴보는 좋은 계기가 되었을 것이고, 자신도 그들과 다르지 않다는 의식을 갖게 되었다. 박광호가 창작에서 중요하게 여기는 점은 간결하고 누구나 쉽게 알 수 있는 내용으로 대중에게 많이 소비되는 작품을 만드는 것이다. 그래서 어려운 메시지를 최소화하고 재미있게 즐길 수 있는 작품을 선호한다고 말한다. <뭍으로 나온 처용>은 다양한 기법과 속도감 있는 연출로 다소 무거운 주제를 무리 없이 전달한 작품으로 그가 생각하는 창작의 방향과 일맥상통한다.

"〈뭍으로 나온 처용〉은 담백한 구성, 적절한 상징의 사용으로 주제를 뚜렷하게 전달한다. 전통춤 사위와 노동을 응용한 몸짓, 에어리얼 기법으로 심상을 표현하거나 마지막 다짐을 담아내는 연출이 돋보인다. 무엇보다 노동자가 처한 현실 모순에 대한 어설픈 화해나 희망을 제시하지 않는다는 것은 큰 장점이다. 이는 현실에 대한 냉정한 인식 때문으로 보인다. .... 〈뭍으로 나온 처용〉은 무대를 일터 삼아 펼친 현실을 담은 춤판이며 삶의 춤이다. 사변적 주제가 넘쳐나는 작품들 가운데 현실의 모순을 드러내 춤의 사회적 가치를 보여 주기가 그리 쉽지는 않았을 것이다. 노동자가 자본에 맞서는 것처럼 말이다."

(댄스포스트코리아 21년 6월, 이상헌)

서울 이외 지역에서 젊은 춤꾼의 역외 유출은 이제 더는 놀랄 일이 아니다. 이런 상황은 그나마 남아 있는 지역 무용가들의 활동에도 찬물을 끼얹는다. 함께 할 춤꾼을 찾을 수 없어 안무를 제대로 표현하지 못하는 경우도 있어 창작이 위축되기 때문이다. 박광호의 존재 가치는 이러한 지역 무용계의 위기 상황에서 빛나는데, 그가 여태 다져 온 다양한 예술적 경험이 위축되고 있던 울산 무용 판에 생기를 불어넣는다. 서로 다독이며 견뎌야 할 지역 무용계에서 중심을 잡아주고, 밑을 받쳐주는 존재가 있다는 것은 큰 행운이다. 박광호는 "앞으로 좋은 사람들과 춤추면서 가끔 저의 이야기를 내놓으며 살고 싶다."라고 계획을 말한다. 어떤 주제를 다루고 싶다든지, 반드시 어떤 작품을 만들고 싶다는 꿈이 아니라, 좋은 사람들과 춤과 일상을 나누면서 그 춤에 자신의 이야기를 싣고 싶다는 꿈이 결코 작아 보이지 않는다. 즐거운 마음으로 하고 싶은 일을 하는 것이 얼마나 어려운지 우리는 알고 있다. 그것이 가능 하려면 자신을 끊임없이 관리하고 다독이면서 주변까지 살펴야 한다. 그의 꿈은 예술가로서, 또한 누군가의 남편이자 아버지라는 지금 여기 남성 무용가의 지극히 현실적인 바람이다. 자신을 지키면서 공동체에서 존재감을 잃지 않는 것이야말로 예술가로 살아가는 최선이 아닐까 싶다.

(2023년 4월 17일 댄스포스트코리아)

REVIEW

〈버라이어티〉
한 중견 무용가의 실존적 고민의 춤·이미지

　무용가가 처음 이름을 걸고 작품을 관객 앞에 내놓는 일은 벅찬 경험이자 엄청난 부담이다. 무용 공연을 무대에 올리는 일은 수많은 스텝과 출연자와 함께해야 한다. 많은 사람이 안무자의 의도를 정확하게 구현하도록 설명하고 설득하는 과정은 절대 만만하지 않다. 안무자는 한계를 느끼기도 하고 심지어 좌절감도 맛본다. 박광호는 40대의 중견 무용가로 부산을 기반으로 활동하다가 10여 년 전부터 울산으로 활동 기반을 옮겼다. 그는 수많은 작품에 주·조연으로 출연했다. 다른 안무가들이 박광호를 찾았던 이유는 장르를 가리지 않는 그의 기량이 한몫했지만, 그가 참여하는 작품은 연습 과정부터 다르기 때문이기도 하다. 특유의 친화력으로 동료들이 힘든 연습을 견딜 수 있게 독려하고 분위기를 즐겁게 만든다. 이는 작품 완성도에 큰 영향을 끼친다. 안무자가 할 수 없는 부분, 안무자가 없을 때도 중심을 잡는 역할을 하고도 자기를 내세우지 않았다. 이렇게 오랜 시간 남의 작품에서 맡은 역할보다 더 많은 일을 했던 그가 드디어 자기 이야기를 춤으로 내어 보였다. 아무리 춤을 오래 추었다고 해도, 첫 춤판을 이제야 올리는 것이라, 영화로 말하면 입봉이 늦은 중고 신인이 된 것이다. 2022년 11월 21일 울산 아트홀 마당 무대에 올린 '박광호의 춤 <버라이어티> (안무 박광호. 출연 윤혜진, 김은지, 이재준, 윤현정, 한지영)'는 인정받는 한 무용가의 일기장을 들여다보는 것 같은 공연이었다. 일기장에 삶이 낱낱이 기록되어 있지는 않았지만, 쉽게 알아볼 수 있는 우화적인 비유가 가득했다. 우화는 풍자와 교훈이 담겨있어야 하는데, <버라이

어티>에서 박광호는 스스로 풍자의 대상이 됨으로써 작품의 진정성을 높여 주었다. 또한 교훈을 직접적으로 제시하지 않고 관객이 고개를 끄덕이게 하는 열린 결말을 보여주는 것으로 갈음했다. 이 과정은 유쾌하고도 진지했는데, 그가 동료들에게 보여 주는 태도와 다르지 않았다. 뭔가 대단한 의미가 숨어 있는 듯이 포장하지 않았고, 평소의 태도를 그대로 반영했다.

작품은 '1장(part. 1) 내면의 파도', '2장(part. 2) 돈굿(Don't Good)', '3장(part. 3) 경로를 재탐색합니다.' 등 모두 3장으로 구성되었는데, 박광호가 춤추며 살아온 시간을 간결하게 정리한 것이다. 3장의 서사는 분명하게 구분되지 않고 1장과 2장이 맞물리고, 다시 2장과 3장이 일정 부분 맞물리기도 한다. 한 사람의 과거와 현재 그리고 미래는 칼로 자르듯 구분할 수 없으니 비록 세 장으로 구분하긴 했어도 서사가 섞이는 것은 당연하다. 영원한 사랑, 우정, 행복이란 것이 있다고 믿었던 젊은 시절. 그 믿음은 관계가 넓고 깊게 얽히면서 흔들리게 된다. 1장 내면의 파도는 이 과정을 담았다. 흔들린 믿음은 삶의 다양성, 곧 버라이어티한 관계의 파도를 탔다. 2장 돈굿은 명예나 돈을 부러워하기도 했던, 그렇지만 그것이 결국은 바른길이 아니었다는 깨달음을 얻은 여정이다. 3장은 믿음과 흔들림을 모두 겪은 후 자신을 돌아보고, 만들어진 길이 아닌 자기의 길을 걸어가려는 의지의 표현이다. 박광호의 여정을 조금만 확장하면 우리가 모두 지나온 길과 닮았다는 사실을 알게 된다.

제목 <버라이어티>는 '다양하다'라는 뜻이다. 삶의 다양성 자체를 뜻하기도 하고, 춤추면서 살아온 다양한 경험과 지금 그가 하는 여러 일을 뜻하기도 한다. 공연 포스터에 보이는 허리에 감은 여러 색의 천 끝에 놓인 북·노트북·갓과 부채·건반은 그가 좋아하고, 잘하는 일을 상징하는 사물이다. 박광호는 춤추는 일 외에 무용 음악을 작곡하고 편곡하는데도 남다른 재능이 있다. 그 야말로 버라이어티하게 일과 취미를 즐긴다. 그는 첫 개인 춤판에서 이 모두를 담고자 한 것 같다. 어느 하나 소홀히 할 것이 없다 보니 할 말이 많아졌다. 박광호만이 아니라 대부분 첫 공연에서 안무자는 보여주고 싶은 내용이 많고, 그도 예외는 아니었을 것이다. 그런데 그는 욕구를 누르고, 이야기를 3장으로 압축했고, 어느 정도 성공했다. 안무자는 무용수들을 넓게 활용한다. 무용수 다섯 명은 주변 상황이거나, 자신의 반영 혹은 내면의 표현이었으며, 자신과 대립하는 환경이 되기도 했다. 또한 소극장 무대에서 물리적 장치 없이 무용수만으로 상황을 만들고, 상징과 은유로도 이용한다. 또한 중요한 지점에서 본인이 등장해 이 작품이 자신의 이야기임을 분명히 한다. 무용수들의 기량은 안무자의 의도를 충분히 소화할 만큼 좋아서 작품이 걸림 없이 진행될 수 있었다. 다만, 무대가 좁아 춤 에너지가 충분히 발산하지 못한 점은 아쉽다. 조명 활용 면에서도 고민의 흔적이 보였는데, 군무에서 대립이나 조화에 조명을 비중 있게 이용하였다. 한편, 소극장 무대의 한계는 이러한 섬세한 조명 활용에 조금은 걸림돌이 되기도 했다. 소극장 공간은 양날의 칼이다. 작은 공간은 활용이 편해 동선을 짜기에 상대적으로 수월하다. 다른 한편으로 물리적으로 좁아 춤과 공간의 서사성을 확장하기 어렵다. 이런 문제 때문에 소극장 무대에서 작품 구성은 섬세할수록 좋다. <버라이어티>는 공간의 장단점이 반반씩 점유한 공연이었다. 그런데 장점은 당연해 보이는 경우가 많고, 단점은 더 크게 보인다. 그래서 <버라이어티>가 담아내려는 이야기에 비해 공간의 비율이 맞지 않았던 점이 장점보다 더 크게 부각되어 보였다. 이 문제를 해결하기 위한 고민이 좀 더 필요해 보인다.

결론은 심각하지 않았다. 진행하고 있던 서사에서 조금 떨어져 관조하는 느낌으로 진지하지만, 담담하게 열린 앞길을 걸어가는 것으로 마무리했다. 앞선 시간의 유쾌함과 경쾌한 분위기를 모두 포용하면서도 결코 가볍거나 경솔해 보이지 않고, 그저 또 다른 버라이어티 속으로 걸어가는 모습이었다. 버라이어티한 삶에서 흔들리는 것은 당연하다. 흔들리면서 기우뚱한 균형을 찾는 일이 살아가는 일이 아닐까. 흔들리지 않는다면 무슨 재미로 살 것이며, 굳이 살아갈 일을 고민할 필요가 없다. 인간은 불완전한 존재여서 살아가고, 살아 낼 수 있는 것이다. 밝아 보이지만 어떤 일이 일어날지 알 수 없는 길을 담담하게 걸어가는 뒷모습에는 희미한 불안이 묻어 있었다. 불완전하고 흔들리는 일이 절대 달라지지 않을지라도 끊임없이 '경로를 재탐색'하며 나아가야 하는 인간 존재의 본질적 운명을 수긍하고 있기 때문일 것이다. <버라이어티>는 때로는 유쾌하게 때로는 진지하게 자기 삶의 이야기를 풀어낸 한 무용가의 실존적 고민의 이미지이다. 박광호가 재탐색한 경로가 어디로 향하는지 알지 못하더라도 무용가 박광호를 좇는 관심의 시선을 거두지 않으면 좋겠다. 인간은 타자를 통해 자신을 확인하는 존재이기 때문이다.

(2023년 1월 댄스포스트코리아)

박재현

끊임없이 탈주(脫走)를 꿈꾸다

　무용가의 춤이 자유로운 것만은 아니다. 특히 무대에서 춤은 안무로 정제한 춤이다. 춤꾼의 몸과 움직임을 규격화하는 안무를 거쳐야 춤이 관객과 만난다. 이 과정에서 춤은 몸에서 몸으로 전해진다. 한 사람의 온전한 무용가로 성장하는 과정은 자신에게 드리운 스승의 그림자를 지우는 과정이라고 해도 과언이 아니다. 무용가에게 스승은 개인 기량의 전수를 넘어 춤 역사와 전통을 전달한다. 전통은 풍성한 자양분이자 견고하게 구획된 규범집이며 권위이다. 춤판을 둘러보면 드물게 기성 춤판의 견고한 구획을 자신만의 방식으로 가로지르는 이를 만날 때가 있다. 틀과 구획에서 탈주를 꿈꾸고, 끊임없이 꿈을 현실화하는 존재. 현대무용가 박재현은 그런 무용가이다.

　박재현에 관해 말하기 위해서 기존 단어와 개념을 새롭게 연결하는 서술 방식이 필요할 정도로 그의 안무 방식과 움직임은 독창적이다. 모든 예술가가 저마다 독창성을 지니고 있지만, 박재현의 그것은 부산 무용가 중에서 돋

보이는 다른 색을 가지고 있다. 어떤 선배 예술가나 사조에서 영향을 받았는지 짐작하기 어렵다. 그를 이해하기 위해서는 작품을 만나는 수밖에 없다. 박재현의 모든 작품에는 마치 자신의 일부를 복사한 것처럼 그가 들어 있다. 공허한 개념 속에서 허우적대면서도 마치 깊은 의미를 전달하는 것처럼 꾸미는 허위나 가식을 찾을 수 없고, 작품의 의미에 자신을 감추지도 않는다. <63병동>(2010년 10월 7일 금정문화회관) 같은 초기 작품에서 보이는 과도한 솔직함은 관객이 작품을 어떻게 받아들일지 고민하지 않는 그의 태도가 잘 드러난다. 도대체 타자와 소통할 생각이 없는가 싶다가도 작품이 끝나면 그런 의심이 눈 녹듯 사라진다. 사람을 알아야 작품을 이해할 수 있고, 작품을 보고서야 사람이 이해되는 박재현은 부산 춤판의 대체 불가능한 무용가이다.

2022년 5월 29일 부산문화회관 중극장에서 <박재현의 안무노트> 공연이 있었다. 2020년 제16회 AK21 국제 안무가 육성공연에서 최우수상을 받은 <굿모닝 일동씨>, 2017년 금정산 생명 문화 축전 제2회 전국 춤 경연에서 상을 받은 <고독-그곳엔 사랑이 없더라>, 2019년 제28회 부산 무용제에서 우수상과 안무상을 받았던 <인어공주를 위하여-편견> 등 3편의 대표작을 재구성한 공연이었다. 박재현 작품은 기존 문법으로 읽기 힘들다는 공통점이 있다. 초반에는 서사가 잡힐 듯하지만, 어느 순간 움켜쥔 모래알처럼 빠져나간다. 관객은 동시다발로 일어나는 혼란스러운 퍼포먼스와 어디서도 본 적 없는 낯설고 감각적인 이미지에 빠져든다. 이렇게 말하면 그가 기성 무용계에서 인정받거나 하는지 의문이 들 수도 있다. 기성 무용계의 권위에 그다지 신경 쓰지 않는 편이지만, 무용제나 콩쿠르 등 경연 기회를 자신의 기량을 확인하고 작품을 발표하는 장으로 활용한다. 2000년 제18회 KBS 부산 무용 콩쿠르 대상, 2011년 크리틱스 초이스 평론가가 뽑은 젊은 무용가 선정, 2012년 제21

회 부산 무용제에서 <노년의 기록>으로 대상, 전국무용제 은상, 2020년 제16회 부산 국제무용제 AK21 국제 안무가 육성 경연에서 <굿모닝 일동씨>로 최우수 작품상을 받은 이력을 보면 기성 무용계에서 평가도 절대 낮지 않다.

박재현의 작품을 '그로테스크(grotesque)하다'라고 표현한 평론가도 있다. 일부 동의 한다. 그로테스크란 원래 로마 시대 벽화에 각종 모티브를 곡선으로 연결해 복잡하게 구성한 장식을 말하는데, 이후 기괴하고 환상적인 표현을 통칭하게 되었다. 박재현의 작품을 '그로테스크하다'라고 표현한 것은 앞서 말한 대로 그의 작품에서 공통으로 보이는 '어디서도 본 적 없는 낯설고 감각적인 이미지' 때문일 것이다. 박재현 작품의 그로테스크한 분위기는 의도라기보다 꾸미지 않아서 자연스럽게 나온 것이다. 속마음이나 혼자 있을 때 태도나 행동을 정제하지 않고 작품에 드러내는 것을 보는 사람에 따라 '그로테스크하다'라고까지 느낄 수 있었을 것이다. 거기에 성기고 거친 무대 장치나 소품까지 더하면 느낌이 더 강할 수 있다. 그의 안무 노트는 장면과 움직임을 매우 꼼꼼하게 디자인한 그림과 글로 가득하다. 낯설고 성긴 이미지가 세밀한 계획으로 태어난다는 것이 역설적으로 보이지만, 한편으로 작품을 의미나 개념으로 치장하기보다 이미지를 만드는 데 집중한다는 사실을 확인할 수 있다. 작품 창작을 수행(performance)으로 본다면 박재현은 치밀한 과정을 거쳐 '과소 수행'의 이미지를 생성한다. 많은 안무가가 필요 이상의 수행으로 작품을 과도하게 치장하는 것에 비하면, 그의 과소 수행은 오히려 담백하다. 여성 주인공이 작품 내내 무대를 기어 다니는 <편견-인어공주를 위하여>는 고집스럽고 비효율적인 과소 수행의 결과가 만들어 낸 대표적인 환영의 세계이다.

남보다 다소 늦은 17세에 춤을 시작한 박재현은 2003년 첫 작품 이후 안무가로 활동한다. 그에게 춤을 접한 것이 언제인지 물었다. 돌아온 답은 "세 살"이었다. 어릴 적 대구에서 어머니가 운영하던 무용교습소의 기억이라고 말한다. 그때 어머니께 춤을 배웠는지, 자신이 어떤 춤을 추었는지에 관한 기억이 아니라 어렴풋한 이미지이다. 박재현식 대화는 줄거리를 순차적으로 이어가지 않고 중요한 내용을 이미지화해 작품에서처럼 툭툭 던지는 식이다. 이야기는 그가 단체를 만들어 활동한 시기로 이어졌다. 박재현은 여러 차례 단체를 만들어 함께 춤추기를 시도했었다. 한때 부산 남성 무용수들의 힘을 보여주었던 '엠노트(M.note)'와 '줄라이 댄스 시어터'의 대표를 맡아 부산 현대무용 판을 풍성하게 했다. 하지만 단체 활동이 좋기만 한 것은 아니어서, 자신만의 단체를 다시 만들었다. '경희 댄스 시어터'가 그 단체다. '경희'는 박재현의 어머니 이름이다. 남아있는 춤에 관한 첫 기억이 어머니의 무용교습소였으니 박재현 춤의 처음과 지금이 어머니로 연결된 것 같다. 단체를 이끌면서 박재현은 부산 춤판의 위기를 체감하고 있다. 작품을 하고 싶어도 자신의 구상을 현실화할 무용수 구하기가 어렵다고 한다. 안무 의도에 맞는 춤꾼을 구하지 못해 결국 춤꾼에 안무를 맞추어야 하는 경우가 있다고 한다. 현실이 그렇다고 해서 원인을 찾아 누구의 잘잘못을 따지는 것은 의미가 없고, 지금 남아있는 춤꾼이라도 어떻게든 안고 가는 것이 중요하다고 말한다. 그는 경희 댄스 시어터 춤꾼들과의 관계를 무엇보다 중요하게 여긴다. 공연이 없어도 모여서 춤추고, 같이 밥 먹고, 술 마시는 것으로 서로의 존재 가치를 나눈다. 그가 느끼는 위기감을 극복하려는 나름의 방식이다.

자유란 자신을 규정하는 시도나 의식에 끌려가거나 주저앉지 않고 끊임없이 부정하고 초월하는 것이다. 무용가가 자유로워지려면 끊임없이 관객에게

서 도망가야 한다. 관객이 만족하는 순간 새로움은 사라진다. 관객이 만족하는 지점은 안무가가 탈주를 시작할 지점이다. 박재현은 한 번도 제 자리에 머문 적이 없다. 매번 발표하는 작품은 그 자신 말고 아무도 예상 못한 것이었다. 관객이 만족하기도 전에 그는 저만큼 자신의 길로 탈주하고 있었다. <박재현의 안무노트> 마지막에 연출한 부산 춤꾼 수십 명이 객석에서 올라와 함께 춤추는 축제 같은 장면은 박재현의 탈주하는 삶이 부산 춤판에 가져다준 눈부신 선물이다. 이처럼 그는 작품의 끝을 늘 감성적으로 열어 둔다. 춤추며 살아가는 삶에서 어쩔 수 없이 '고독'을 선택했어도 정주(定住)의 그리움을 부정하지 않고 받아들이기 때문일 것이다. 그가 언젠가 머물 곳을 찾게 되겠지만, 영원히 탈주하는 그의 모습을 보고 싶은 것이 솔직한 심정이다.

(2022년 7월 14일 댄스포스트코리아)

REVIEW

〈우물가 살인사건 – 그 곳엔 사람이 산다〉
끝맺지 못하거나 끝이 없거나

　2022년 12월 2일, 3일 재) 부산문화회관이 주최한 부산 공연콘텐츠 페스타에 선정된 〈우물가 살인사건〉(안무 박재현)이 부산시민회관 대극장 무대에 올랐다. 은유로 가득한 중의적인 이 작품을 시간 흐름에 따라 선형적으로 읽는 것은 애초부터 불가능한 일이었다. 〈우물가 살인사건〉을 하나의 사건 이야기로 볼 증거를 찾을 수 없었고, 90분 동안 31명의 출연자가 만들어내는 끊임없이 반복하는 이미지는 모호한 의미를 계속 만들어갔다. 안무자가 작품을 2막에 걸쳐 6개 챕터로 나누고 짧은 해설을 붙여 두었지만, 작품이 진행하는 동안 종횡으로 움직이는 시간과 우주에서 점까지 펼쳐지는 이야기 사이에서 뚜렷한 흐름을 찾아내기가 쉽지 않았다. 기껏해야 우주와 점의 공통점이 둘다 확산과 수렴을 동시에 품고 있는 개념이라는 것 같은 단편적인 추측만 할뿐이었다.

　박재현은 작품의 모티브를 금정구 오륜동에 있는 회동수원지의 역사에서 얻었다고 한다. 회동수원지는 일제 강점기인 1940년 양수 확보를 위해 조성한 인공 저수지이다. 당시 주민들은 댐 건설로 마을이 수몰되는 것에 반대하며 농기구를 들고 격렬하게 저항했지만, 경찰력을 앞세운 일제에 굴복할 수밖에 없었다. 수원지 준공 테이프를 끊을 때 한 농민이 "그 가위는 우리 농민들의 창자를 자르는 가위요, 수원지 물은 우리 농민들의 피눈물"이라고 울부짖었다고 한다. 지금 우리가 즐기는 회동수원지의 수려한 풍광은 마을 사람들이 겪은 비극의 대가이다. 회동수원지의 비극은 우물과 어떤 관계가 있을까. 우물은 수몰당한 마을 공동체의 상징이며, 마을 사람들은 수몰로 삶의 터전을 빼앗긴 채 부유하는 삶을 살아갈 운명에 떠밀렸다. 박재현은 회동수원지의 비극을 '우물가 살인사건'이라는 일상 공간에서 벌어질 만한 사건으로 은유하면서 한 지역에서 일어난 역사적 사건을 우리 삶에서 언제든지 일어날 수 있고, 일어나고 있는 일로 보편화한다. 그 사건은 거룩하거나 경쾌하고, 비장하면서 가볍고, 비탄에 빠진 절규이면서 환희의 순간이기도 한 모든 순간이며, 우주 공간에 떠 있는 작고 외로운 점에서 일어나는 일이다. 그러니까 <우물가 살인사건>은 지금 이 땅의 상황이다. 좀 더 폭을 좁혀 '우물'을 몇 가지 의미로 해석할 수 있다. 마을의 우물은 안정적으로 식수를 얻을 수 있는 곳이며 마을의 이야기가 모이고 퍼지는 곳이다. 개인도 각자의 '우물'이 있다. 그 우물은 자신만이 길어 올리는 가치가 담긴 곳인 동시에 세상을 보는 인식의 한계이기도 하다. 박재현은 이것을 '누구나 작은 우물가를 가지고 산다.'라고 표현하면서 그 우물(가)에 '작은 핑계로 스스로 옥죄어 가두지 않았나.'라는 질문을 던진다. 즉, 우물을 정체성과 자아의 갈등이 일어나는 심리적 근원으로 보는 것 같다.

작품 중간마다 위(하늘)에서 5개의 돌이 떨어진다. 누군가(가해자) 연못(우물)에 던진 돌이다. '돌 하나가 우리에게 떨어졌다. 작은 연못 물 하나 튀었을 뿐인데 모두 난리법석이다.'(공연 팸플릿 내용) 돌이 떨어지면 평온한 연못에 물방울이 튀고 물결이 일렁이면서 연못의 차원이 달라진다. 그 순간은 챕터가 바뀌는 구분 점이고, 새로운 이야기를 꺼내는 전환점이기도 하다. 구분 점이며 전환점 역할을 하는 돌은 흐름을 이어주는 징검다리이기도 하다. 그의 작품은 언제나 그러하듯 선형적으로 연결해서 이해하기보다 징검다리를 건너듯 읽는 것이 편하다. 그래야 박재현이라는 강물에 떠내려가지 않고 관객으로 살아남을 수 있다. 돌 사이로 흐르는 물결이 일으키는 현기증을 견디며 조심스레 발을 내디뎌야 하는 징검다리 건너기처럼 관객은 불규칙하게 놓인 돌중에 자신이 디딜 수 있는 것을 찾아 디뎌야 한다.

1막에서 오직 한 점으로 이어진 인간과 자연의 관계를 상징하는 이미지 아래 둥글게 누운 사람들은 '우물'이며 물결이다. 점점 속도를 높이며 회전하는 나뭇가지는 혈액 속 염분 농도가 증가해 심장이 폭발할 것 같은 긴장을 조성한다. 그러나 '사건'은 더 이상 구체화하지 않고, '비탄'·'점'·'문득'·'통곡'으로 흩어졌다가 다시 '점'으로 환원한다. 확산하고 환원하는 이야기에는 공통으로 '반복'이 있다. 작품에서 반복은 강조이면서 순환이다. 반복하면서 생기는 미묘한 차이에 의미를 부여하기도 한다. 또한 클라이맥스로 달리기 위해 동작의 반복으로 감정을 쌓아 무대 에너지를 끌어 올리는 경우도 있다. 이 작품에서 동작의 반복은 강조, 순환, 차이, 에너지 축적 효과를 모두 가져온다. 그런데 전작들과 달리 반복으로 축적한 에너지를 마지막에 감성적으로 폭발시키는 박재현 특유의 마무리가 없다. 그러다 보니 <우물가 살인사건>은 끝맺음이 분명하지 않다. 어쩌면 끝맺지 못했을 수 있다. '우물가 살인사건'이 애초 하나의 사건이 아니라 우리 삶에서 언제든지 일어날 수 있고, 일어나고 있는 일이라면 결론이나 결말이 명쾌할 수 없다. 실제 박재현은 공연 팸플릿에서 '과연 작품의 끝은...'이라고 표기하는 식으로 줄임표를 사용한다. '우물가는 처음부터 하늘이었다. 그대가 보는 세상 그대로 세상이다.'라고 말하면서, 끝을 맺기보다 그렇다는 사실을 '인식'하는 것이라고 열어둔다.

작품에 가득한 박재현식 클리셰(cliché)마저 결말을 위한 것이 아니다. 반복하는 움직임과 대사와 춤의 의미를 중첩하는 방식은 오히려 작품의 극적 완결을 비껴가게 하면서 그만의 카오스모스를 만들어 낸다. 이런 '낯선 클리셰' 혹은 '클리셰의 낯선 사용'은 박재현 작품을 특징짓는 중요한 요소이다. 관객이 언제쯤 박재현의 안무적 클리셰를 익숙하게 받아들일 수 있을까? 거리를 좁힐 수는 있겠지만, 결코 손잡을 수는 없을 것 같다. 하지만 걱정할 필요는 없다. 끝없이 탈주하는 예술가와 결코 뒤쫓지 못하는 관객의 불화가 만들어 내는 끝없는 오해와 오역이 기묘한 운명적 불화로 부산 춤판을 들썩이게 할 것이기 때문이다. 박재현의 존재 가치는 이러한 화해 불가능성에 있다. <우물가 살인사건>은 이런 사실을 다시 한번 확인시킨 작품이다.

(2023년 1월 예술의 초대)

이용진

유연한 변화로
존재의 의미를 탐구하다

　인터뷰 막바지에 무용가 이용진을 한마디로 표현해 달라고 부탁했다. "나를 한마디로 표현할 만한 정체성은 없지만, 변화에 유연하다."라는 대답이 돌아왔다. 의외였지만, 이내 고개를 끄덕였다. '독립 춤꾼'이란 말을 유행처럼 사용한 시절이 있었다. '독립 춤꾼'이란 특정 단체에 속하거나 학연에 얽매이지 않고 활동하는 춤꾼을 뜻한다. 지금은 개인 활동이 당연해 잘 쓰지 않지만, 학연에 얽매이거나 이름난 단체에 의지하지 않고 오롯이 자신만의 방식을 개척한 이용진의 춤 여정을 생각하면서 철 지난 '독립 춤꾼'이란 단어가 떠올랐다. 현실적으로 무용계에서 독립적으로 활동하기가 여전히 쉽지 않아서이다.

　수줍음 많고 내성적인 한 아이가 중학교에서 우연히 스트리트 댄스를 접하고 곧바로 빠져들었다. 90년대 말은 비보잉을 체계적으로 가르치는 곳이 없던 시절이라 만화 '힙합'이 참고서였고, PC 통신 동호회 활동은 춤을 배울 수 있는 몇 안 되는 통로였다. 고등학교 때 카포에라를 배우려고 8만 원 들고 텔레비전 프로에서 본 브라질 전통무술 카포에라 고수를 찾아 무작정 서울로 간 적도 있었다. 이용진이 새로운 춤을 만나는 방식은 이런 식이었다. 관심 있는 분야를 만나면 고민에 앞서 혼자 할 수 있는 방법을 찾았다. 정식 코스가 아니라도 상관없었다. 주변 모든 춤꾼과 환경을 스승으로 삼았다. 고2 때 안무를 시작했다. 비보이 문화를 활성화하려는 시기라 많은 지자체에서 대회를 열었고, 자신이 안무한 작품으로 구청장상·시장상·문화부 장관상까지 휩쓸다시피 했다. 자신감이 충만했다. 그때는 일반적인 사회관계에 무관심했고, 정규 교육과정에서 받을 수 있는 혜택에도 관심을 두지 않았다. 세상을 보는 창은 오로지 자기가 추는 춤이었다.

춤으로 교육자가 되고 싶다는 생각으로 실용 무용과에 진학했다. 처음 진학한 대학에서 한국 춤을 배웠다. 동양사상과 무술에 관심 있었던 그의 자연스러운 선택이었다. 제대 후 경성대 무용학과로 편입해서 현대무용으로 전공을 바꾸었다. 적극적으로 창작을 하고 싶어서였다. 혼자 연습실에 남아 연습에 몰두했다. 그 와중에 위기가 찾아왔다. 그동안 체계 없이 몸을 쓴 결과 몸이 완전히 틀어졌다. 그는 이런 위기마저 혼자 헤쳐나갔다. 춤추기를 멈추고 몸을 이해하기 위해 학교 도서관에 하루 12시간씩 머물며 해부학 책과 몸을 다루는 수많은 자료를 독파하고, 비디오 영상을 보고 따라 했다. 몸이 어느 정도 돌아오기까지 2년이 걸렸다. 이를 계기로 몸에 관심이 깊어졌다. 2011년 <Guilty>(신인춤 제전 출품)에서 좁은 톱 조명에서 미세한 근육까지 사용하는 움직임은 이런 배경에서 탄생한 대표적인 춤이다.

2010년 신인춤 제전에 <살아지고 사라지고>로 참가했을 때 의식(생각)을 춤 이미지로 표현하기가 쉽지 않다는 것을 깨달았다. 2011년 <Guilty>, 2012년 2인무 <Roots>로 이어지면서 자신의 창작 방식을 찾아갔다. 2012년 부산무용협회가 주최하는 신인 작가 발굴 행사인 '제6회 새물결 춤 작가전'에 참가한 <더 블라인드(the blind)>는 처음 안무한 3인무 작품이었고, 라이브 반주로 작업하면서 여러 장르와 함께하는 재미를 느꼈다. 이 경험은 2013년 경성대 콘서트홀에 올린 가네쉬 프로젝트 기획공연 <The Good>으로 이어진다. 이 공연은 '가무악의 향연, 몸과 소리의 유희'라는 주제 아래 춤, 연주, 마임까지 망라한 다원 공연이었다. 생각한 것을 모두 모아 무대에 올린 이 공연을 하면서 연출 방식을 많이 고민하게 되었다.

2015년 다시 참가한 새 물결 춤 작가전에 <흐름>으로 최우수 작품상을 받았다. 생각의 흐름을 이미지화했는데, 아프리카 댄스·비보잉·카포에라 등 그가 거쳐 온 춤 자산이 창작의 거름이 된 작품이었다. 이 작품으로 무용가 이용진과 댄스프로젝트 에게로의 존재를 부산 춤판에 본격적으로 알렸다. 2017년 이용진 안무로 에게로는 정식 창단 공연 <콘크리트 인간>을 해운대문화회관에 올렸다. <콘크리트 인간>은 메마르고 딱딱하고 감정 없는 현대인을 빗댄 말로, '하루 일을 말끔히 마치고 집에서 편히 잠드는 사람이 몇 명이나 있을까, 편안하게 죽음을 맞는 사람이 있을까, 그러지 못하는 원인은 내게 있지 않을까'라는 고민을 녹여낸 내용으로, 작품의 주제를 '몸'·'의식' 같은 춤에 관한 근본적이고 춤꾼 개인에 내재한 고민에서 '인간' 자체로 넓힌 작품이다. 이 작품은 같은 해 부산무용제에서 대상과 안무상을 받았고, 전국무용제에서 은상과 연기상을 받았다.

2019년 에게로가 부산민주공원 공연장 상주단체에 선정되면서 이후 3년 동안 이용진은 창작 실험의 폭을 넓혀갔다. 2019년 선보인 <회귀>는 유쾌한 판타지의 소극(笑劇, farce)으로 부산의 동시대 춤 역사를 끌어들여 지역의 리얼리티를 보여 준 작품이었다. 2020년 기획공연 <비빔-현상>은 비보이팀과 협업한 작품이다. 현대무용과 비보이의 협업이 더는 낯설지 않은데, 이 작품의 변별점은 직접 비보이 생활을 했던 이용진이 누구보다 그들의 장단점을 확실하게 파악하고 있었고, 그 경험으로 비보이 춤을 과하지 않게 작품에 삽입해 균형을 맞춘 데 있다. 2021년 작 <수구루지>는 노골적으로 '오락 무용'을 표방했다. 이른바 예술 춤이 등한시했던 재미를 전면에 내세운 시도가 기성 무용계가 볼 때 어설프고 진지하지 않게 보일 수 있지만, 기존 어법에 구애받지 않는 춤의 대중화를 위한 실험이었다. 최근(2021년 12월 18,19일) 공연인 <비빔-SEED>는 가수 곡두와 협업으로 무용 작품에서 흔히 보는 춤과 음악의 관계를 재설정하였다. 연극적 기법을 적극적으로 이용하고, 판소리 너름새를 춤꾼들에게 전이해 표현하거나 비보이의 춤 에너지를 정확하게 인지하고 조절하며, 춤과 음악이 기존 무대에서 맺는 관계를 전복하는 등 그의 안무·연출 방식은 기존 무용공연에서 잘 볼 수 없는 방식이었다. 서두에 인용한 그의 말대로 '유연한 변화'가 작품에서 다양한 형식으로 나타났다. 2017년 창작한 <사자, who>도 해학적이고 장르 변용에 능한 그의 안무 방식을 잘 보여 준다. 북청사자놀음을 모티브 삼은 <사자, who>는 전통 탈춤의 서사와 메타포어(Metaphor)를 감각적으로 활용하였다.

무엇을 더 하고 싶은지 물었다. 먼저 '거리 춤' 이야기를 꺼냈다. 이용진이 생각하는 '거리 춤'은 움직임부터 거리에 맞아야 하고, 야외에서 사람들과 공감할 수 있는 춤이다. 흔히 거리 춤이라고 하면 '장소 특정적' 개념을 먼저 떠올리지만, 무용수가 거리에서 다치지 않는 움직임이야말로 거리 춤 창작에서 가장 먼저 해결할 문제가 분명하다. 그의 '거리 춤' 개념은 이처럼 직접적이고 명쾌했다. 거리 춤 이야기 끝에 무심한 듯 춤추고 싶다는 말을 흘렸다. 3년 동안 상주단체 활동을 하면서 관객에게 다가가기 위한 안무와 연출을 시도하면서 조금 지쳤다고 한다. 춤이 대중을 어떻게 설득할지에 관한 고민을 놓칠 수는 없지만, 정기공연만이라도 작품성을 추구하고, 무엇보다 자신이 나서서 춤추고 싶다고 말했다. 사실 예술가는 본능적으로 관객에게서 도망가려 한다. 관객에게 잡히는 순간 새로움이 사라지기 때문이다. 그가 지쳤고 춤추고 싶다고 한 것은 예술가의 이러한 본능을 억제하고 있었기 때문일 것이다.

지금 부산은 이용진 또래의 30, 40대 안무가 겸 춤꾼의 활동이 활발하다. 그들은 각자 뚜렷한 색깔로 존재를 알린다. 이용진의 색은 규정하기 힘들 정도로 변화무쌍하다. 이는 여러 춤을 두루 거친 경험과 위계에 구애받지 않았던 춤 여정이 낳은 결과이다. 그는 춤을 배우는 과정마다 기술 습득뿐 아니라 몸·의식·존재에 관한 철학적 고민도 놓치지 않았고, 그것을 춤으로 명료하게 되새겨 냈다. 자신과 후배들이 춤으로 먹고살기 위해 몇 년 동안 잘 팔린 <사자, who>를 대체할 작품을 개발하려 한다는 말에는 예술가의 생존이라는 현실적 절박함이 배어 있었다. 그가 변화에 유연한 것도 무용가로 살아남기 위해서였다. 유연한 변화로 존재의 의미를 끝없이 탐구하는 무용가라면 먼저 살아남아야 하기 때문이다.

(2022년 1월 16일 댄스포스트코리아)

〈수구루지Ⅱ〉
변화를 통해 '장르 무용'의 정체성을 확보하다

    2023년 11월 10일(금) 부산문화회관 중극장에서 Dance Project EGERO의 〈수구루지〉(안무, 연출 이용진)가 무대에 올랐다. 이 공연은 (재) 부산문화회관이 주최한 2023년 부산공연 콘텐츠 페스타에서 선정한 세 작품 중 하나이다. 〈수구루지〉는 2021년 7월 초연 때부터 '처음 보지만 낯설지 않은 이야기, 동서양 이야기들이 그림과 판소리, 전통 연희와 어우러진' 오락 무용을 표방했다. 무용에서는 다소 낯선 '장르 무용'이라고 보아도 무방하다. 한국에서는 일반적으로 무용 장르를 춤의 형식과 발생을 기준으로 발레·한국무용·현대무용으로 나누는데, 여기서 말하는 '장르 무용'은 영화나 소설에서 판타지·코미디, 로맨스물로 구분하는 것처럼 오락 무용을 하나의 장르 형식으로 구분한다는 뜻이다. 한국에서 무용이 다루는 주제는 대체로 무겁다. 인간 실존에 관한 여러 질문, 종교적 의미에서 차용한 구원·사랑·증오 등 인간의 보편적 감정 등을 다룬다. 〈수구루지〉는 형식, 구성, 주제로 볼 때 기존 구분으로 규정하기 애매하다. 이런 이유로 〈수구루지〉는 무용에서 하나의 장르를 창출하는 중이라고 볼 수 있다. 초연 때 〈수구루지〉는 몇 가지 단점이 있었다. 연출 방향부터 연극적 요소와 춤의 균형을 어떻게 조정할지 뚜렷하지 않았다. 무용 작품이었지만, 춤이 약하고 극적 서사를 따라가기 바빴다. 시도는 좋았지만, 완성도가 따라주지 못했다.

    2년 후 이번 공연에서 〈수구루지〉는 여러 면에서 크게 변화한 모습을 보여

주면서 오락을 추구하는 '장르 무용'의 면모를 확고히 다졌다. 공연 팸플릿에서 '어른들이여, 더 이상 아이들 때문에 공연장을 갈 수 없다 말하지 마라. 그래서 만들었다. 무용, 판소리, 전통연희, 그림동화가 어우러져 처음 보지만 왠지 익숙한 느낌으로 다가온 가족이 함께 즐길 수 있는 뒤죽박죽 동화 활극물'임을 선언한다. 초연에서 사용하지 않았던 '동화 활극 물'이란 개념이 보인다. 관객층을 분명하게 하려는 의도이다. 실제로 공연장을 찾은 관객 중 많은 수가 아이와 함께 온 가족이다. 기성 무용가도 가족과 함께 관람했고, 무용학원에서 아이들을 단체로 데리고 온 경우도 있었다. 공연 중 여러 차례 박수가 터졌고, 어린 관객들의 호응도 좋았다.

줄거리의 근간은 찰스 디킨스의 <크리스마스 캐럴>의 주인공 스크루지 이야기이다. 여기에 심청전, 별주부전, 심청전, 오즈의 마법사, 빨간 망토, 수영야류, 북청사자놀음이 얽히고설킨다. 그야말로 뒤죽박죽 시끌벅적한 이야기를 애니메이션과 판소리로 끌고 간다. 소리 없는 애니메이션에 판소리가 변사처럼 해설을 붙여 마치 무성 영화를 보는 착각이 들 정도로 조화롭고 균형이 있었다. 여러 탈춤에 나오는 말뚝이는 천민 출신인데, 세월이 지나 3대를 내려오면서 말뚝이는 아랫사람에게 갑질하는 존재가 되었다. 3대 말뚝이가 비서와 함께 하와이로 여행 가는 중에 비행기 사고로 시공간이 얽힌 숲으로 떨어지고, 이들을 중심으로 여러 이야기에서 차용한 인물이 뒤섞인다. 그들은 각자의 목적을 가지고 오주산으로 향해 자기들이 처한 문제의 해결을 바란다. 이런저런 상황을 거쳐 말뚝이와 비서는 현실로 돌아가는데, 이 모든 이야기가 말뚝이가 꾼 꿈인 듯하다. 물론 꿈인지 현실인지 애매한 뉘앙스를 남기기는 한다.

초연의 어수선한 분위기를 깔끔하게 정리했고, 춤을 강화했는데, 동화적 전개라고 해도 춤은 전혀 동화적이지 않았다. 이 부분이 중요하다. 춤마저 어린이용으로 짰다면, 이 작품은 평범한 아동 무용극이었을 것이다. 춤의 수준을 타협하지 않은 것 때문에 <수구루지>는 장르 무용이 될 수 있었다. 무용 작품의 정체성을 놓치지 않고 오락 무용이라는 정체성까지 확보하게 되었다. 또한 춤을 적당한 수준으로 살려낸 덕분에 무용계 관객의 만족까지 끌어내어 그들이 안무자의 의도에 공감할 수 있게 했다.

이번 공연으로 <수구루지>는 마당극 형식을 차용한 마당 춤극으로 변화할 수 있는 가능성을 보여주었다. 애니메이션을 활용한 부분을 마당에서 어떻게 표현할지만 해결한다면 이 가능성은 충분히 실현할 수 있다. <수구루지> 앞 부분에 배치한 <사자, who>도 야외에서 더 빛을 발하는 작품이다. 판소리도 그렇고, 큐브를 이용한 간결한 장면 전환, 극적 조명 효과가 그다지 필요하지 않다는 점, 라이브 반주를 활용하면 흥을 더 끌어 올릴 수 있는 전개 방식, 관객의 호응과 개입을 쉽게 유도할 수 있는 점 등은 <수구루지>가 마당 춤극으로 바뀔 수 있는 가능성을 높인다. 하나의 작품을 형식 변화로 다양한 환경에서 공연할 수 있다면 더할 나위 없이 좋은 일이다. '코믹, 위트, 유머를 중시하는 현대무용 단체'인 에게로에 안성맞춤이지 싶다.

'차용(appropriation)'의 의미는 이미 나와 있는 것을 새로운 것과 합성해 창조하는 제작 방식이다. <수구루지>는 기본적으로 차용이지만, 예술 기법으로써 차용이 포괄하는 대부분의 기법을 망라할 수 있을 만큼 복합적이다. 손에 닿는 대로 아무것이나 이용하는 브리꼴라쥬, 이미 완성된 작품을 이용해 닮은 작품을 만들어내 의도적으로 개성과 상상력을 포기하는 샘플링, 원본에서 따온 것을 수정해서 복제하거나 조각들을 짜 맞추어 명백히 모방하는 패스티시, 다른 사람의 작품을 모방해 자기 작품에 풍자적으로 집어넣는 패러디가 혼재해 있다. 이것뿐만이 아니라 객석을 적극 이용해 프로시니엄 무대의 한계를 넘어서기까지 한다. 초연 리뷰에서 <수구루지>의 미덕을 "'오락'을 표방한 허를 찌르는 시도는 부조리가 널려있는 현실을 외면한 채 추상과 정념에 몰두하는 기성 춤 계를 향한 경쾌한 도발이다."라고 표현하였다. 이번 공연은 한 가지 미덕을 더했다. 차세대 관객이 무용 작품을 친근하게 느낄 수 있는 시도를 한 것이다. <수구루지>는 동화적 상상력을 근간으로 가족이 함께 볼 수 있는 작품이면서 춤에서는 타협하지 않았다. 남들이 가지 않는 길을 가다 보면 생각지 못한 어려움에 부딪힌다. 그렇다고 해도 믿음을 가지고 가던 길을 가보라고 권한다. 분명히 장르 무용의 열풍이 불어 올 것이기 때문이다.

(2023년 11월 댄스포스트코리아)

정기정

'영남형(嶺南形) 현대무용'의
전형을 제시하다

한 춤꾼이 소녀 탈을 쓰고 춤을 춘다. 덧배기 사위가 언뜻 보이지만, 탈춤은
아니다. 사물 장단에 현대무용 호흡이 따라붙는다. 일본군 위안부 피해자를
기리는 이 춤이 어떤 형식인지 따지는 것은 의미가 없다. 한국 춤 감성에 에너
지 넘치는 현대무용 동작은 정적이고 소극적인 살풀이를 무색하게 만드는 신
명으로 강렬한 해원(解冤)의 춤이 되었다. 정기정이 영남 오광대의 덧배기와
현대무용을 녹여 영남 현대무용의 한 전형을 제시한 <소녀상 모심춤>이다.
알려진 것처럼 영남을 춤의 고장이라 부른다. '손 한 번 들어 춤 아닌 것이 없
다.'라는 말은 영남 사람들에게 춤이 일상적이었다는 의미이다. 현대무용을
전공한 정기정이 오광대 같은 민속춤을 자연스럽게 접할 수 있었던 것은 영
남 춤 전통의 일상성 덕분이다.

정기정은 신라대학교에서 현대무용을 전공했고, 1991년 ADF 장학생으로

선발돼 미국 NEA기금을 받았다. 80년대 후반 학번인 것을 생각하면 일찌감치 두각을 나타내었다고 볼 수 있다. ADF 장학생 선발을 시작으로 미국·영국·프랑스에서 현대무용의 최신 경향을 보고 익히면서, 1990년대 대부분을 유럽과 미국의 춤을 경험하는데 할애했다. 이런 노력은 1999년 제1회 차세대 안무가 전에서 <Black Hall>로 대상을 받는 결실을 본다. 2000년대 초반에는 부산의 전설적인 춤패 '연분홍'의 멤버로 활동하였다. '연분홍'은 2000년대 초반 부산 지역 출신의 내노라하는 춤꾼들이 자발적으로 모여 결성한 모임이다. 학연에 상관없이 오로지 자신들의 무대를 개척한다는 의욕으로 뭉친 단체로, 그들의 활동은 이후 부산 춤판에 큰 영향을 끼쳤다. 정기정은 이 시기에 <Take a Trip>(2003), <Talking about it>(2004), <소풍 가는 길 On the way to a picnic>(2005) 등을 연이어 발표한다. 이 작품들은 2004년 그의 첫 개인 공연의 바탕(<Talking about it>)이 되었고, 2005년 '부산 국제 해변무용제' 출품작(<소풍 가는 길>)이 되기도 했다. 정기정 활동의 또 하나의 중요한 축은 '하야로비 현대무용단'(이후 '하야로비')이다. 신라대학교 출신 동문 무용단으로 시작한 하야로비는 부산 최초의 대학 동문 무용단으로 부산 무용사에 중요한 의미가 있는 단체다. 정기정은 하야로비의 주요 작품을 안무하였고, 지금도 하야로비를 지탱하는 중심에 서 있다. 2002년 초연한 <흙-태초에>는 하야로비 30주년에 재구성해 올렸는데, 정기정이 안무와 주역을 맡았다. 이 작품으로 2016년 한국 춤 비평가상 춤 연기상을 받았다.

정기정이 현대무용으로 정점에 오르는 과정에서 운명처럼 채희완 교수(부산대 무용과)를 만난다. 연분홍을 후원하고 예술적 자문을 아끼지 않았던 채희완 교수는 정기정에게 탈춤의 세계를 열어주었다. 춤 욕심은 누구에게도 지지 않았던 그는 이내 탈춤의 매력에 빠졌고, 정기정의 현대무용 스타일에 한국적 요소. 더 세밀하게는 영남 춤의 자양분이 더해졌다. 이미 체화한 현대무용의 호흡과 움직임이 탈춤을 만나 장르를 구분할 필요가 없을 정도로 안무와 춤의 경계를 확장하면서 점차 자신의 스타일을 완성해 갔다.

모든 것이 집중된 서울은 굳이 '서울식'을 찾거나 내세울 필요가 없다. 집적의 다양함 자체가 힘이기 때문이다. 반면 지역은 다르다. 갈수록 심해지는 중앙 집중의 영향으로 황폐해가는 지역 무용계가 살길은 지역색을 찾는데 달렸다. '로컬 리얼리티'라고 할 수 있는 지역색은 그 지역 고유의 역사와 문화를 담아내는 것이다. 정기정의 춤은 낙동강 인근의 오광대 전통을 흡수한 춤 형식에 지역의 역사를 담아내면서, 춤에서 로컬 리얼리티가 어떤 것인지를 보여준다.

정기정은 최근 수년 전부터 마산오광대 보존회에서 활동하고 있다. 매년 마산오광대 정기 공연에서 역할을 맡아 출연하고, 마산의 역사를 담아낸 작품을 창작하기도 했다. 창원시 마산합포구 구산면 원전리 앞 바다는 밤이면 바람 소리와 함께 고양이 울림소리가 들린다고 해서 '꽹이 바다'라고 불린다. 이곳은 1950년 한국전쟁이 발발하자 영장 없이 마산형무소에 예비 구금시켰던 1681명 중 700명 넘는 사람들을 네 차례에 걸쳐 야밤에 학살해 수장한 장소이다. 창작 춤 <꽹이바다>는 한국전쟁 중 민간인 학살을 모티브로, 희생당한 이들의 원혼을 달래는 작품이다. 앞서 소개한 일본군 위안부 피해자를 위한 <소녀상 모심춤>도 역사적 사건이 모티브이다. 영남 민속춤 전통과 자신의 현대무용을 접목한 정기정의 춤은 현실 참여 성격의 작품에 그치지 않는다. 김지하의 동명 시를 춤으로 만든 <회귀>, 12발 상모와 부포 춤을 현대적 감각으로 되살린 <회향>, 클라이맥스에서 보여 준 강렬한 독무가 살(煞)을 푸는 춤의 본보기로 삼을만하다는 평가를 받은 <바랄꽃>은 황석영의 소설 <심청>의 내용을 차용했다. 야외 춤으로 선보인 <춤추는 바다>는 기장 바다를 소재로 창작하였는데, 북청사자놀이의 사자가 바다를 가로지르는 연출로 바다의 상징이 물고기나 용이라는 인식을 뒤엎으면서 표현의 폭을 확장하였다. 이처럼 정기정은 역사를 담거나 문학에서 소재를 차용하고, 환경과 심상을 구체적인 상징을 이용해 현실화하는 방식으로 창작한다. 무용 작품에서 흔하게 보이는 추상적인 개념에 매달려 오지도 가지도 못하는 상황을 아예 만들지 않는다. 상징과 은유를 사용하지만, 그것은 정확하게 현실을 가리킨다.

정기정은 춤꾼으로도 현역이다. 다른 예술 장르에 비해 무용에서 실연자로서 춤꾼은 도구 없이 몸을 직접 써야 하는 까닭에 조로(早老)하는 편인데, 그는 여전히 발레, 현대무용, 한국 창작, 탈춤, 마당극 등 장르와 무대를 가리지 않는다. 50대 춤꾼이 그보다 젊은 춤꾼을 제치고 많은 작품에서 주역을 맡고 있다. 한두 번 등장해서 분위기만 잡는 역할이 아니라 작품 내내 젊은 춤꾼과 같이 춤추는 그런 주역이다. 여러 안무자가 정기정을 찾는 까닭은 한국 춤과 현대무용을 가리지 않고 소화할 수 있고, 어떤 작품에서도 안무자의 의도를 정확하게 표현하기 때문이다. 이것이 정기정의 가치 중 하나이다. 그런데 현역 춤꾼으로서 가치는 다른 춤꾼과 마찬가지로 개인의 의도적 노력으로 이룬 것이고, 자신도 의식하지 못한 중요한 가치는 지역의 리얼리티를 춤에 담아내는 방식을 보여 준 데 있다. '영남형(嶺南形) 현대무용'이라고 이름 붙인 정기정의 창작 방식이 지금은 다소 낯설게 느껴지겠지만, 지역의 리얼리티를 담은 춤의 한 전형임은 분명하다. 정기정의 창작이 현란하고 스타일리시(stylish)한 유행에 가치가 묻히지 않기를 바란다. 덧붙이자면, 춤 형식에 앞서 무용가 정기정에 대한 평가가 중요하다는 점이다. 사람이 없으면 춤은 아무 것도 아니기 때문이다.

(2022년 10월 4일 댄스포스트코리아)

REVIEW

〈객〉
침잠하려는 의식을 흔드는 춤

　하야로비 무용단이 다시 기지개를 켰다. 1985년 부산 최초의 동문 단체로
출발해 2009년 학연을 뛰어넘는 혁신까지 이룬 하야로비는 부산 현대무용
그룹의 상징적 존재였다. 그 하야로비가 몇 년을 인고한 끝에 환경문제라는
묵직한 주제로 공연을 올렸다. 2023년 12월 8일 부산 금정문화회관 대극장에
서 공연한 <객>(안무 정기정)은 '인간은 주인이 아닌 손님으로 왔다.'는 부제
를 달았다. 우리가 늘 착각하는 바로 그 지점, 마치 주인인 양 눈앞의 편리와
이익을 위해 자연을 마구잡이로 훼손하고 지구를 망치는 그 태도가 문제 있
다는 것을 일깨운다.

　1장은 '탐(貪)'이다. 탐욕을 줄인 탐은 자연에 대해 인간이 끝없이 욕망을
배설하는 상황을 이야기하며, 그 결과가 어떠할 것인지를 말하는 일종의 개
요이자 요약 부분이다. 2장은 '허(許)'다. 인간은 지구에서 삶을 허락받았다
는 전제를 말한다. 허락받은 존재, 인간은 지구와의 암묵적인 약속을 잊고 편
의를 위해 과도하게 물건을 만든다. 그 과정에 허락해 준 자연에 상처를 입힌
다. 서서히 주인과 손님, 주(主)와 객(客)이 전도되는 것이다. 3장 '파(破)'에서
는 허락받은 것을 잊고 이기적인 탐욕에 빠진 인간의 행동이 가져온 비참한
결과가 점차 드러난다. 그런데도 인간은 무엇을 잘못했는지 어디서부터 잘못
된 것인지 깨닫지 못하고, 심지어 잘못되어가는 상황 자체를 인식하지 못한
다. 탐욕은 끝없이 이어지고, 결국 지구별의 환경이 무너지는 것이 인간 스스

로 목을 죄는 일이라는 것을 모른다. 4장은 '종(終)'이다. 인간은 스스로 저지른 죄의 대가를 받고 있다. 이기적 탐욕은 다시 돌아와 인간을 친다. 그렇다면 이것이 끝(終)이란 말인가? 이것이 끝이면 이 드라마는 엄청난 비극이겠지만, <객>은 그래도 희망이 남아 있다고 말한다. 인간이 지구별에서 객이라는 사실을 깨닫는 일, 탐욕을 버리는 일이야말로 유일한 희망이라는 것이다.

　<객>은 이전 하야로비 작품과 확연하게 달라진 지점이 있다. 특히 정기정이 안무한 작품 중에서 <객>은 획기적 전환이다. 첫 조명이 켜지기 전까지 정기정이 이전 작품들에서 보여 준 안무 형식이 반복될 것이라 지레짐작했었다. 도입부부터 천천히 이야기와 에너지를 쌓아 올리다가 후반부에 가서야 터트리는 구성은 정기정이 즐겨 사용하는 안무법이다. 이 방식은 무용수들이 심리적, 육체적으로 준비할 시간을 갖게 하는 장점이 있다. 그러나 관객 입장에서 감정적으로 기다리는 시간이 길어져 서사가 지연되고 있다는 느낌을 받는다는 단점도 있었다. <객>은 도입부부터 달랐다. 시작은 밝고 경쾌했다. 인간이 살아가는 다양한 모습을 에너지 넘치는 춤과 연극적 동작으로 표현했다. 시노그라피 백철호의 터치로 만든 무대장치들은 저마다 상징성을 가지고 춤의 빈자리를 채워주었다. 인간의 이기적 탐욕을 표현한 1, 2장은 점증적인 변화에 몰두하는 것이 아니라 적당히 풀고 흩었다가 다시 전진하는 전개를 보여주었다. 이런 방식은 관객의 감정적 긴장을 조정하면서 극적 몰입도를 높이는 데 효과를 발휘했다.

　무용수들이 입고 있던 옷을 서로 찢고 대립하는 부분부터 갈등은 서서히 고조되었다. 이 갈등은 얼핏 인간끼리의 갈등으로 보이지만, 사실은 환경과 인간, 주인과 손님의 갈등이다. 인간에게 지구별의 삶을 허락한 주인 관점에

서 어이없어 보이는 이 갈등은 점점 객끼리 진흙탕 싸움으로 번진다. 이제 어떤 것도 벌거벗은 그들을 보호해 주지 못한다. 폭풍우 치는 바다 위 손바닥만 한 조각 위에서 뭉쳐보지만, 맞닿은 거친 살갗만으로 온기를 전하기에는 역부족이다. 마지막까지 살아남은 것은 처음부터 하찮은 취급을 받았던 플라스틱 물병이다. 플라스틱은 인간의 편의를 위해 만들어 낸 것으로 온 세상을 뒤덮어 인류보다 더 오래 남아 있을 수 있는 물건이자 인간의 탐욕이 깃든 중요한 기호다. 이 기호는 이중적이다. 인간의 탐욕이 생명 유지의 필수 요소인 물과 관련한 점에서 그렇다. 탐욕과 생명 유지의 필수요소가 한 몸처럼 있는 상태로써의 플라스틱 물병은 이런 모순을 무력화하려는 메타포이다.

<객>은 하야로비 무용단이 여태껏 추구한 문제의식을 여전히 붙잡고 있다는 사실을 보여 주면서 하야로비의 정체성을 확인해 주었다. 다른 한편에서 진중한 주제를 경쾌한 중량감으로 풀어내는 변신은 하야로비가 정체하고 있지 않다는 것도 보여주었다. 안무방식뿐만 아니라, 그것에 맞는 조명과 음악을 접목하고 통합적 이미지를 고민한 흔적이 그 증거이다. 특히 무용수를 주목할 필요가 있다. 무용수 부족이 갈수록 심해지는 부산에서는 더욱 그렇다. 먼저 박은지의 존재다. 박은지는 노련함으로 젊은 춤꾼들의 뛰는 에너지를 적당히 중화하였다. 그렇게 해서 춤꾼 간의 에너지 불균형 없이 잘 다듬어져 보였다. 물론 이 부분에서 안무자의 역할이 중요하지만, 안무자가 미처 손 쓸 수 없는 무대 위에서의 미묘한 균형은 조화의 필요성을 잘 아는 경험 많은 춤꾼이 해결할 수 있다. 일곱 명 춤꾼 모두 고르게 역할을 잘해주었는데, 특히 궁다빈은 주역으로 손색이 없었다. 만만치 않은 춤꾼들 사이에서 그렇게 눈에 띄기 쉽지 않은데, 궁다빈은 튀지 않으면서도 뚜렷하고 섬세한 동작과 감정을 풍부하게 담아낸 표정으로 맡은바 이상으로 역할을 해내었다. 한 공연

에서 이런 춤꾼을 발견하는 일은 공연을 보는 큰 기쁨이다. 한 가지 아쉬운 점은 출연자들이 거의 퇴장 없이 춤을 추었다는 부분이다. 이것 때문인지 집중력 높고 에너지 충만했던 무용수들이 막바지에 지친 기색을 보였다. 무용수의 등퇴장을 최소화하면 작품 흐름을 분절하지 않고 끌고 갈 수 있겠지만, 중요한 지점에서 오히려 긴장을 놓칠 우려도 있다. 리허설과 본 공연을 연이어 해야 하는 조건에서 무용수의 한계를 인지한 적절한 구성이 필요하지 않을까 싶다.

지구별 환경에 관한 문제의 심각성은 이 시대를 사는 누구나 느끼고 있을 것이다. 하지만, 문제 해결을 위해 행동하는 것은 쉽지 않다. 알지만 해결 방법을 찾기 힘든 문제 앞에서 우리는 무력해지기 쉽다. <객>이 이런 무력감을 직접적으로 해결하려고 하거나 무력감에 빠진 인간을 질책하는 것은 아니다. 다만 무기력하고 비겁한 태도를 툭하고 건드린다. 작품은 경쾌하고 진지하지만, 불편하다. 예술은 언제나 이런 불편을 자극한다. 니체가 큰 이성이라고 한 몸(신체)의 예술, 무용은 우리의 태도가 이기적인 안위에 파고들 때 그것을 불편한 경계로 끌어 올린다. 아름답고 격렬하고 처절한 움직임으로 침잠하려는 의식을 뒤흔드는 춤. <객>은 그런 춤을 지향하고 있다.

(2023년 12월 댄스포스트코리아)

한지은

진중하고 당차게 전통춤의
동시대적 의미를 탐구하다

춤이라는 미지 세계의 매력을 본능적으로 느꼈을 때, 춤에 관해 잘 모른다는 것은 아무런 방해가 되지 않는다. 만화책에 나오는 동작을 따라 하며 종이컵에 휴지를 욱여넣어 토슈즈를 만들어 신었던 11살 소녀는 자신이 고립무원의 들판에 들어섰다는 사실을 몰랐을 것이다. 현상학의 창시자 후설(E. Husserl)은 이런 현상을 두고 "자기 내면으로부터 직관적이며 동시에 맹목적으로 활동하도록 추동하는 '혼령'을 가지고 있다."라고 말했는데, 여기서 혼령은 '예술본능'을 말한다. 예술가에게 예술본능은 종종 주체할 수 없는 힘, 거역할 수 없는 힘으로 작동하면서 예술창작의 발생적 원천이 된다.

한지은의 춤을 처음 봤을 때 느낌은 신선한 충격이었다. 여러 춤꾼 중에서도 확연하게 움직임이 눈에 박혔다. 발 디딤이 굳건하고도 경쾌하며, 세밀한 호흡을 여유롭게 소화하는 작은 체구가 무대에서 엄청난 존재감을 뿜었다.

당돌하면서도 진중함을 잃지 않는 춤 태가 도대체 어디서 나온 것인지 궁금했다. 당시 그는 부산대학 무용과에서 강미리 교수 파트를 졸업하고, 대학원에 진학한 상태였는데, 그의 춤에는 스승의 가르침이 고스란히 축적되어 있었다. 한지은은 "다양한 악기 춤과 전통춤 레퍼토리 등으로 한국무용의 어마어마한 유산들을 접하면서 알찬 대학 생활을 하였다."라고 말한다. 이뿐만 아니라 스승이 내어 준 많은 미션을 해내면서 창작 춤에 접근하는 방법과 제작 방식을 익혀 나갔다. 예술본능의 발현 이후 본격적으로 자기 의도를 춤으로 표현할 수 있는 준비를 갖추어 갔던 것이다. 2007년 졸업 작품인 <울음 울며>를 창작해 부산무용 콩쿠르에서 은상을 받으며 대학 생활을 마무리하였다.

졸업 후 한동안 '강미리 할 무용단'의 주축으로 활동하면서 부산 춤판에 존재를 서서히 각인시켰다. 스승 강미리 교수는 그의 춤에 절대적인 영향을 끼쳤다. 한지은은 스승의 작품 <柳-류>(2009)에서 신체 에너지의 단계적 운용과 몸과 마음의 몰입을, <丵-롱>(2010)에서는 전통춤을 현시대의 춤으로 변용해 내는 능력을, '할(喝) 하나' <길에서 춤을 묻다>(2015)에서는 내면의 카오스를 춤으로 질서를 갖추는 법을, 작품 '할 셋' <염-念 도드리>(2017)에서는 전통의 형태소를 현대적 춤 언어로 표현하는 법을 배웠다고 말한다. 한지은의 춤은 이 시기를 지나면서 전환하게 된다. 스승과 선배들의 작품에 무용수로 출연해 작품의 제작 과정과 결과물들을 보면서 자신의 이야기를 춤으로 풀어내고 싶은 욕구가 생긴 것이다. 대학원 졸업을 잠시 미루고, 서울에서 열린 안무가 캠프에 참가해 여성성의 치유와 회복에 관한 <붉은 서답>을 쇼케이스로 올렸고, 이후 <나비호랑>, <사이에서>, <몸봄맘봄>, <칼끝의 염원>, <오제> 등 개인 작품 활동을 이어갔다. 이 밖에도 'M-note 현대무용단', '이

태상 프로젝트' 공연 출연과 가끔 연극 안무를 맡는 등 타 장르를 경험하면서 다양한 작가들을 만나 영감을 받기도 했다. 2014년 새 물결 춤 작가전에 <내 안으로>를 출품해 최우수 작품상과 연기상을 받았고, 그해 부산문화재단의 청년예술가 지원을 받아 같은 작품을 1시간으로 재구성해서 첫 개인 공연을 했다. 2016년 <내 안으로>를 개작해 부산 무용제에서 우수상과 연기상을 받았다. 20분으로 만든 작품을 1시간짜리 개인 공연용, 40분짜리 경연용, 서울 국제안무페스티벌(SCF)에서 15분 등 각기 다른 구성을 시도해 볼 수 있었다. 이때 후배들과 함께 작품을 제작하고 공연을 올리면서 '함께 추고 함께 만드는 춤'에 매료되어 2018년 '한국 춤 프로젝트 가마'를 창단했다. '가마'에는 복합적 의미가 있다. 질그릇을 구워내는 가마처럼 새로운 춤 언어를 만들며, 음식을 익히고 우려내는 가마(솥)처럼 깊이를 가지고 춤에 정진하며, 사람 머리의 중심에 있는 가마처럼 우리 춤의 중심을 찾고, 전통춤과 창작 춤 레퍼토리를 제작해 이동 수단인 가마처럼 전통과 현대를 잇는 공연으로 관객과 소통하겠다는 의미가 담겨있다. 가뜩이나 위축된 지역 춤판에서 개인 무용단을 운영하기는 쉽지 않았다.

다른 이들처럼 지원금이 있을 때만 잠시 활동하는 방식은 그의 자존심이 허락하지 않았다. 창단 직후 뚜렷한 활동은 못 했지만, 가끔 들어오는 프로젝트 형식의 공연에서 안무를 맡거나 무용수로도 출연하고, 교육 사업을 하는 등 3년 동안 내실을 다지고 경력을 쌓는 형태로 이어가면서 장기적인 시각으로 견뎌내었다. 처음에는 단체 역량에 맞게 단원의 안무 역량 강화로 기획한 3편의 단편 무용 <춤 에세이 전>(2021년)을 무대에 올렸고, <비손>, <진실의 변주>를 제작하였다. 2019년 개인 전통춤판 <도담>과 2020년 한지은의 춤 <변화무상>까지 3번의 개인 공연을 올렸다. 2022년 <춤집-잇다>를 발표했고, 올해 12월에는 숏폼 같은 짤막한 콘텐츠에 익숙해지는 현실에 도발하는 의미로 60분짜리 장편 무용 <回(회)>를 준비하고 있다.

한지은이 자신의 이름을 걸고 본격적으로 활동을 시작했을 때, 부산 무용계는 점점 왜소화하고 불균형이 심화하고 있었다. 대학 무용과가 하나만 남고 나머지는 폐과되거나 통합되어 무용 판에 공급되는 젊은 춤꾼 수가 급격하게 줄어들었다. 이에 따라 기성 안무가들이 작품에 적합한 무용수를 구하는 데 어려움을 겪는 것은 물론이고 심지어 원하는 무용수를 구할 수 없어서 작품 자체를 수정하는 경우까지 생겼다. 불균형은 장르의 편향을 말한다. 부산은 상대적으로 전통춤이 강세인 지역이다. 지역 춤 역사에서 민속춤이 활발한 배경도 있지만, 춤판이 전체적으로 위축되면서 버티고 있었던 무용가들이 부산을 떠나거나 춤을 포기하는 경우가 많아졌다. 그나마 문화재 종목 중심의 전통춤만 명맥을 유지하고 있지만, 한 해에 집계되는 현대무용과 한국무용 창작 작품, 창작 발레의 수는 손에 꼽을 정도에 그친다. 상황이 어려울수록 자리를 지키고 있는 무용가의 가치는 높아진다. 그렇다고 좋아할 일만은 아니다. 존재 가치는 상대적으로 높아지겠지만, 그 가치를 넓게 비교할 대상이 부족하고, 판 자체가 위태롭기 때문에 가치를 지켜나가기조차 힘들어진다. 이런 가운데 한지은은 신중하면서 도발적인 무용가로 자기 가치를 조용히 확고하게 다지고 있다. 작품마다 우리 춤의 본질을 탐구하는 진지함과 동시대적 의미를 녹여내려는 적극적 태도가 담겨있다. 작은 무대에서도 우리 춤의 본질에 관한 고민을 놓치지 않고, 큰 무대에서는 당돌하기까지 한 그만의 공간을 창출한다. 이런 저력은 끊임없이 연마한 전통의 자기화 과정에서 나온 것이 분명하다.

중국 당나라 황벽희운 선사의 오도송에 이런 구절이 있다. '추위가 한 번 뼛속 깊이 사무치지 않으면, 어찌 코를 찌르는 매화 향기 맡을 수 있으리' 득도한 고승의 깊은 뜻을 다 알지는 못하겠지만, 고된 과정을 겪고서야 경지에 이를 수 있다는 정도로 해석할 수 있다. 춤을 배워 무용가로 성장하는 과정도 마찬가지다. 한 명의 무용가로 인정받기까지 자기 내부와 외부에서 몰아치는 삭풍과 맞닥뜨려야 한다. 누구도 돌봐주지 않는 고립무원의 들판에 선 춤꾼의 몸은 단순히 움직임을 발현하기 위해 단련해야 하는 매체에 그치지 않는다. 생각 이전의 몸, 감성에 앞선 몸, 역사를 담는 몸이다. 또한 생각 이후의 몸, 감성을 확산하는 몸이며 역사가 머무는 몸이기도 하다. 삶에서 얻는 깨달음을 춤으로 발현하는 존재는 사유의 이미지를 몸으로 보여줄 때 비로소 온전한 무용가로 인정받을 수 있다. 한지은은 우리 춤의 본질을 갈구하는 절실함과 두려움을 동력 삼아 정진하는 태도가 삶에도 고스란히 배어 있다. 그러니 앞으로 그의 작품이 우리 춤의 동시대적 의미를 어떻게 담아낼지 기대할 수밖에 없다.

앞으로 계획을 물었을 때 이런 대답이 돌아왔다. "어떤 때는 춤 속에 잠시 숨어들어 살고 싶다는 생각을 종종 하곤 하는데, 근래 저 자신이 춤으로 보호받고, 춤을 통해 치유되고, 잘살고 있다는 생각이 들었어요. 여전히 작품 제작은 어렵지만, 함께 춤추면서 살아가기를 소망합니다." 이 대답은 아마 춤추는 모두가 공감하는 내용이지 싶다. 춤추는 일과 한 치도 다를 바 없이 삶을 살아가기를 소망하는 것 말이다.

(2023년 7월 19일 댄스포스트코리아)

REVIEW

〈다시보다〉
차용·인용·주석 없는 원본의 탄생

　한 작품이 어느 정도 호평을 받았을 때, 그대로 재공연하는 경우는 흔하다. 이 경우 대부분 작품에 손을 대지 않는다. 수정한다고 해도 근간을 유지하면서 디테일을 손보거나 문제가 뚜렷하게 드러난 부분을 고치는 정도에 그친다. 같은 주제로 연작을 만들 때는 재공연보다 더욱 까다롭다. 적어도 첫 작품 정도의 무게를 가지면서 새로운 맥락을 만들어야 하는데, 이게 쉽지 않다. 영화나 연극에서 연작을 만드는 시도는 드물지 않은 데 비해 무용에서 연작을 시도하는 경우는 극히 드물다. 영화처럼 편집으로 보완하거나 연극처럼 희곡 단계에서 검증할 수단이 없어서이다. 2023년 7월 27일 부산문화회관 중극장에 올린 '한국 춤 프로젝트 가마'의 네 번째 공연 〈다시보다〉(안무 한지은)는 2023년 12월 공연한 〈回〉(안무 한지은)에서 다룬 모티브를 다시 해석하였는데, 안무자가 이전 작품을 성찰한 결과물로 〈回〉와 〈다시보다〉는 제목은 달라도 연작이라고 보아도 무방하다. 한지은은 "작년 12월, 시간에 쫓기어 몸과 마음이 내달리기만 했던 작업이 흠도 많고, 틈도 많다. '시간'을 보겠다고 한 작품인데, 정작 보겠다는 '시간'은 못 보고, 밀어붙이는 시간에 떠밀려버린 그때를 다시 본다."라고 고백한다. 지난해 〈回〉를 보았던 관객이라면 〈다시보다〉를 이해하는 폭이 남달랐을 것이다. 그렇지 않다고 해도 상관은 없다. 〈다시보다〉는 완전히 새로운 작품으로도 볼 수 있기 때문이다. 두 작품의 모티브는 '시간'이다. 제어할 수 없는 시간의 흐름에 수동적일 수밖에 없는 인간 존재가 그 시간을 관조하려는 시도가 무모하게 보일 수도 있다. 설령 시간 흐름을 관조적으로 살필 수 있다고 해도 시간을 어떻게 할 수는 없다. 시간의 흐름을 관조하려는 의지는 시간 자체보다 자기 삶을 성찰하고, 삶에 관한 보편성과 특수성을 깨닫기 위함이다. 지난해 <回>에 관해서 '상대적이면서도 보편적인 시간을 삶에서 감각하고 인지하는 과정'이라고 평했다. <다시보다>는 삶에 관한 이야기라는 점은 <回>와 같은데, 그 속에 자기의 이전 작품을 반성적으로 되돌아본 치열한 작가정신이 녹아있는 점이 다르다.

<다시보다>에 <回>에서 보여 준 이미지와 동작들이 나오기는 하지만, 그것들을 아예 다른 맥락에 얹어 놓았다. 한 부모가 낳은 자식이 닮았지만, 각기 다른 것처럼 <다시보다>와 <回>는 각자 독자적인 성격을 가진 형제 같은 작품이다. 두 작품이 같고, 다르다는 점을 반복해서 말하는 이유는 한지은이 쉽게 빠질 수 있는 자기복제를 완강히 거부했다는 점을 강조하고 싶어서다. 안무가가 여러 작품을 만들다 보면, 자기도 모르게 자기복제의 유혹에 빠진다. 자기복제는 거의 중력과 같아서 거스르기 위해서는 각고의 노력이 필요하다. 많은 안무가가 이 중력 앞에서 자기 합리화를 하며 주저앉는다. 자기복제에서 벗어난다는 것은 지금껏 한 번도 선보이지 않았던 동작과 구성을 만드는 것만이 아니다. 새로운 맥락을 만들어 자기가 자주 쓰는 호흡법이나 동작을 얹어 내는 일, 그렇게 해서 독창성을 확보하는 고민과 노력의 과정이다. 예를 들어 많은 사람이 화가 고흐의 작품을 한눈에 알아볼 수 있다. 그의 독특한 붓 터치는 몇몇 초기 작품 외에 거의 같다. 그렇다고 해서 고흐의 작품을 자기복제라고 평하지 않는다. 작품마다 맥락이 달라서이다. 한지은은 <回>에 이르기까지 스승의 그림자를 벗어나지 못한 부분이 있었고, 동작과 주제·구성을 어느 정도 반복한 면이 있었다. 이 부분은 잘잘못을 따질 사항이 아니다. 이런 과정을 거치면서 한지은은 조금씩 스승의 그림자와 자기복제의 중력에서 벗

어나고 있었다. 주제의 추상성을 어떻게 이미지화할 것인지, 구성에서 여러 장면을 어떻게 유기적으로 연결해야 할지, 그렇게 해서 자기만의 색깔을 찾으려고 고민하고 있었다. <다시보다>는 그렇게 고군분투한 성과이다. 그 성과가 이전 작품들과는 확연히 다른, 차용·인용· 주석조차 없는 한지은 안무의 원본으로 탄생했다.

<다시보다>는 6장과 에필로그로 짜였다. 각 장을 암전으로 단절하지 않고, 연결 고리가 될 이미지를 남겨 놓아 내러티브가 자연스럽고 유기적으로 이어지도록 연출하였다. 무대는 전체적으로 미니멀한 특성을 유지했다. 특히 무대 장치와 조명의 조화는 단순해 보이지만, 전달하려는 바를 풍성하고 효과적으로 드러내 주었다. 미니멀 아트는 금욕적이리만치 절제된 양식과 극도로 단순한 제작 방식을 채택해 작품의 실재와 본질을 강조하는 방식이다. <다시보다>는 미니멀 아트의 특성을 잘 갖추었고, 심지어 춤마저 미니멀하였다. 군더더기로 보일만한 동작을 최대한 배제해 주제를 향한 집중력을 잃지 않았다. 그렇다고 건조하지도 않았다. 비우면서도 가득 채운 텅 빈 충만, 몰아치는 적막은 이미지가 시각에 들어오는 순간 상념이 뇌리를 찌르는 다층적 자극을 주었다. 춤을 비롯한 모든 요소가 시작부터 점층적으로 쌓였고, 시간이 지날수록 관객의 몰입도 깊어졌다. 막바지에 이르러 극장 공간 구석구석까지 작품의 완결을 향해 치닫는 대단한 집중력을 보여주었다.

<다시보다>는 <回>에서 그려 낸 회화적 이미지를 망막에서 꺼내어 살갗에 닿는 감각으로 재탄생시켰다. 무대장치와 조명 등 단순화한 물리적 요소들에 잠재한 가능성이 최대치로 폭발했다. 공연이 끝난 후에도 그 우아한 폭발의 여운이 쉽게 사라지지 않았다. 여러 생각이 떠오르는 중에 안무가 한지

은의 확실한 탄생에 대해 곱씹어 보았다. 이제 막 40대로 진입하는 한지은이 안무가로 확고하게 자리 잡았다는 생각 말이다. 그동안 부침이 있었던 창작이 비로소 높은 수준의 평균점을 갖게 될 것이라는 확신이 든다. 부산 춤판의 기반이 약화하고 있는 현실에서 수준 높은 안무가의 탄생을 목격한 것은 너무나 반갑고 고마운 일이다. <다시보다>는 한 예술가의 치열함이 가져다준 기분 좋은 선물이다. 지난해 공연한 <回>를 성찰한 작품이 <다시보다>이기에 <또 다시보다> 같은 작품이 나오지 말라는 법이 없다. 한지은의 고민과 성찰이 과연 어떤 작품이 되어 우리 앞에 나타날지 기대가 커지기만 한다.

(2024년 9월호 예술의 초대)

하연화

숙명처럼 부산 한국 창작춤 판을
지킨 웅숭깊은 심성

하연화는 한국 무용이 창작 춤으로 정점을 향해 변화하고 있던 1985년 경성대학교 무용학과에 입학했다. 85년은 최은희 교수가 부산 최초의 한국 무용 동문 단체 '춤패 배김새'(배김새)를 창단한 해이다. 하연화에게 배김새는 선택이 아니었다. 이렇게 시작한 배김새와 인연은 지금까지 이어졌다. 배김새 36년 역사 중 16년을 대표를 맡았고, 대표직을 놓은 후 상임 안무와 예술 감독으로 배김새와 함께했다. 부산 춤 현장에서 하연화와 배김새는 등호 관계이다.

하연화의 첫 춤 경험은 초등학교 운동회 매스게임 때 부채춤을 배우면서다. 그때의 경이로움과 황홀감을 잊을 수 없다고 한다. 하지만 넉넉하지 못한 집안 형편 때문에 무용을 배우겠다는 말을 쉽게 꺼낼 수가 없었고, 고등학교에 진학하면서 춤을 다시 만났다. 여전히 아버지께 비밀로 해야 했던 상황에서 학교 무용부는 문제를 해결해 줄 탈출구였다. 당시 고등학교 무용부는 지금과 달랐다. 수시로 열리는 무용대회 때면, 단축 수업을 하고 춤만 추었다고 한다. 상도 많이 탔고, 춤에 몰두하는 시간이 점점 늘어났다. 고등학교 3학년 때 경성대학교에서 청소년 예능 교실을 열었는데, 엄옥자·최은희·남정호·정은애 같은 교수들이 학생을 가르치는 구조였다. 하연화는 이곳에서 그를 눈여겨본 최은희 교수를 만나 스승과 제자가 되었다. 대학 시절 한국무용제전·민족춤제전 등 큰 무대를 경험했고, 때마침 경성대가 동래고무 전수학교로 지정된 덕분에 동래고무 이수자가 되기도 했다.

대학을 졸업하고 본격적으로 배김새를 이끌었다. 배김새는 시대 상황을 주제로 다루고, 사회 문제가 발생한 현장에서 춤추었다. 배김새의 이런 활동은 지도교수인 최은희 교수와 채희완 교수의 영향이 컸다. 채희완 교수가 주장한 우리 춤의 정신과 춤의 사회적 역할은 최은희 교수를 통해 영향을 주었다. 매년 부산역에서 열리는 세월호 희생자 추모제에 하연화는 배김새와 빠지지 않고 참여했다. 배김새는 부산시립무용단이 맡았던 조선통신사 축제에서 역할을 맡을 정도로 부산 춤판에서 입지가 탄탄하다.

하연화의 예술적 행보는 배김새 역사와 평행선을 이룬다. 배김새의 사회참여적 춤 활동이 고스란히 하연화 개인에게 이식되었지만, 개인적인 자각의 계기는 2005년 광복 60주년 기념 '평화의 뱃길'에 참여하면서다. 하연화는 자신의 이름을 걸고 춤꾼을 모아 평화의 배를 타고 블라디보스톡, 후쿠오카, 상하이를 거쳐 부산으로 돌아오는 10일간의 여정에 동참했다. 그곳에서 풍물패·음악가·미술가·문인 등 다른 장르 예술가와 많은 이야기를 나누면서, 꼭 배김새를 통하지 않더라도 더 많은 사람과 춤과 마음으로 교류할 수 있겠다는 생각을 가졌다.

평화의 뱃길 이후 하연화의 활동은 봇물 터지듯 활발해진다. 지금도 이어지는 팽목항 걷기, 부산 초량 일본 영사관 앞 소녀상을 위한 춤, 탄핵 촛불집회 광장 등 부산 지역에서 벌어지는 역사, 노동, 환경 분야의 집회 현장에 그의 춤이 빠지지 않았다. 이 뿐만 아니라 춤꾼 하연화는 천천히 존재를 알리는 작품을 내놓았다. 1998년부터 창무회 주최로 매년 열리는 '내일을 여는 춤'은 전통춤과 창작춤이 어우러지는 공연으로 김천흥·국수호·정재만·최현·박병천·김진걸·김매자·배정혜·김영실 등 원로·중견이 참여해 권위를 인정받는 행사이다. 하연화는 2002년 창작 춤 <향(香)>, 2013년 <적멸>(하연화, 한수정, 최은희)로 참가했다. 2017년 제23회 창무 국제공연예술제에 올린 <처우>는 티베트 음악에 탈춤을 접목한 작품으로 그가 가장 애착하는 작품으로 꼽는다. <처우>는 산자의 시선, 죽은 자의 시선 등 세상을 보는 여러 시선을 표현한 작품이다. 허리춤에 방상씨탈을 매고 끝에 꽃이 달린 굽은 나뭇가지를 든 이미지는 그의 작품에 계속 등장하는데, 나뭇가지를 세상을 가르는 '꽃칼'이라 이름 지었다. 부드럽고 아름다운 꽃과 날카롭고 섬뜩한 칼이 결합한 '꽃칼'은 연약해 보이는 자신이 아름다운 춤으로 세상의 모순과 슬픔을 자르듯 어루만진다는 의미다.

이런 춤 활동 이면에는 전통춤이 깔려있다. 국가무형유산('무형문화재'를 '무형유산'으로 표기법이 바뀌었고, 번호도 붙이지 않기로 법 개정) 살풀이춤 이수자, 부산광역시 무형유산 동래고무 이수자, 경남남도 무형유산 진주교방굿거리춤 전수자는 그의 전통춤 이력이다. '전통춤이 어떤 의미인지'를 물었다. '전통춤은 내 춤을 단단하게 해 준다'는 답이 돌아왔다. 춤이 '단단해진다'라는 의미는 '꽃칼'과 통한다. 부드러움 속에 견고하고 날카로운 심지가 도사리고 있는 상태, 춤으로 세상의 모순을 베는 굽은 나뭇가지 끝에 핀 꽃의 힘이다. 허투루 흔들리지 않는 우리 춤의 멋과 정신은 <처우>, <나비 날다>, <푸른 눈물> 그리고 <발등 우에 하늘을 두고 배기다>, <각시(覺時-불현듯 알아차리다)>와 같은 창작 춤에서 다양한 방식으로 발현한다. 하연화 안무작을 순서대로 살펴보면 전통춤이 깊어질수록 창작 춤이 견고해지는 느낌을 확인할 수 있다.

여전히 무대와 무대 밖을 부지런히 오가는 그에게 2021년 7월 있었던 배김새 36주년 정기공연 <길>에 관해 물었다. 그럴 수밖에 없었던 것이, 배김새의 모태인 경성대 무용과가 폐과되었고, 동문 춤패가 더는 새로운 단원을 보충할 수 없는 상황이 되었기 때문이다. 부산의 여러 동문 단체가 유명무실해졌을 때, 굳건하게 역할을 하며 부산 춤판을 지켰던 배김새가 아닌가. 몇 년 전부터 정기공연에 객원 출연자가 많이 보이는 등 변화의 조짐이 있었는데, 걱정과 궁금함을 해소하고 싶었다. 이번 공연 제목이 <길>인 것은 배김새의 역사를 되짚는 회고적 의미를 담았기 때문이라고 한다. 누구보다 먼저 배김새 스스로 변화를 감지한 것은 당연한 일이다. 그래서 단체 활동을 갈무리하는 회고적 기획을 했다. 앞으로 대규모 창작 작품을 올리기는 쉽지 않고, 남아 있는 사람들의 개별성과를 모아서 무대를 만드는 식으로 나아가야 할 것 같다고 말한다. 부산 소재 대학 무용과가 속속 폐과되면서, 동문 춤패는 힘을 잃게 되었다. 더구나, 지향이 비슷한 예술가들이 하나의 작품을 위해 모였다 흩어지는 현실에서 단체의 구심력을 유지하는 일 자체가 불가능에 가까울 것이다. 배김새는 온몸으로 시대의 변화를 안고 있었다. 부산 한국 무용 창작의 시작 때 배김새의 모습처럼 말이다.

춤패 배김새 활동이 정체하면서 하연화는 오히려 홀가분하게 자신만을 위한 계획을 갖게 되었다. 숙명처럼 함께 한 배김새를 내려놓고 뜻 맞는 이들이 모여 놀고, 작품을 구상하는 작업실이 하나 있었으면 한다. 거기서 생각을 정리하고 춤을 다듬다 보면 <처우> 같은 작품이 나올 수도 있는 일 아닌가. 현재 대표를 맡고 있는 '명무류일가'도 잘 지켜 부산 전통춤이 가진 저력을 보이는 공연으로 만들고 싶은 것도 바람의 하나이다. 어릴 적 엄마의 춤을 보고 따라하다가 어엿한 춤꾼으로 자란 딸 소희와 함께 무대에 서는 기회도 자주 만들고 싶다. 이 모두 배김새 활동으로 미루었던 자신을 위한 일들이다. 그러고 보면 하연화는 숙명처럼 부산 한국 무용 창작 판을 지킨 웅숭깊은 심성의 예술가이다.

(2021년 11월 10일 댄스포스트코리아)

〈각시(覺時)-불현듯, 알아차리다〉
사유 너머를 잡으려는 몸짓

　춤은 매개체 없이 몸으로 직접 표현하는 유일한 예술이다. 춤에서 몸은 사유를 이미지화하는 가장 순수한 도구이자 주체다. 춤패 배김새의 2019년 정기공연 <각시(覺時)-불현듯, 알아차리다>(안무 하연화, 연출 김선관)는 사유와 언어를 넘어선 주제를 춤으로 담아내려는 시도였다. 춤이라는 추상으로 추상조차 넘어선 경지를 설명하려는 작품은 관객에게 춤의 시간에서 '불현듯, 알아차리'라고 요구한다. 춤은 이미지를 벗어날 수 없다. 호흡(숨)을 강조하면서 움직임을 극소화한다고 해도 무대에 올라앉은 자체가 이미지가 된다. 그런데 불현듯 알아차리는 순간인 '각시'는 이미지 너머의 것이고, 애초부터 춤으로 잡아낼 수 없는 경지는 아니었을까. 도대체 춤으로 어떻게 풀어낼 것인지 궁금했다. 화두, 선(禪), 공(空) 등 비슷한 주제를 다룬 앞선 많은 작품을 보았던 경험에서 걱정도 됐다. '각시'의 연습 과정에서 춤꾼이 겪었을 고뇌가 묻어있는 움직임만 보아도 충분하다고 생각했다. 어차피 보는 관점에서 '각시' 자체를 체험하지는 못할 것이기 때문이다.

　처음과 끝에 등장하는 허공을 딛는 발걸음과 굽은 가지는 죽어서도 끝나지 않는 무한 연쇄인 '업(Karma)'인 듯싶다. '각시(覺時)'는 이것만으로 충분하다. 업은 '원인-행위-결과-원인'이라는 윤회와 한 쌍의 개념이고, '업의 윤회를 알아채는 것'이 깨달음이다. '각시(覺時)-불현듯, 알아차리다'는 불교에서 진심의 이치를 깨치는 수행법 '돈오' 즉, 단박에 깨치는 것에 가깝다. '불현듯'이라고 하지만 그 '불현듯'은 셀 수 없이 보낸 일상의 시간 속에 있다. 움켜 쥔 말과 논리를 놓는 순간에 찾아오는 알아차림을 불가에서는 '언어도단 심 행처멸(言語道斷 心行處滅)'이라 한다. 언어로 표현할 수 없고, 생각해 짐작할 수도 없다는 뜻이다.

현실에서의 깨달음은 어떤 것일까? 현실의 문제를 두고 피안으로 가는 것 이 깨달음일까? 불현듯 알아차리기 위해서는 현실이라는 진흙탕 속에 몸을 담근 채 오랜 시간을 보내야 한다. 그렇다면 '각시'라는 관념은 오히려 현실 적이고 구체적인 문제가 된다. 알아차린다는 것이 현실의 문제와 모순을 딛 고서야 비로소 가능하다는 말이다. 그래서 깨달음이라는 관념을 다루는 춤은 지극히 구체적이고 현실적인 요소가 있어야 한다.

허공에서 내딛는 발걸음, 나무에서 잘려도 열매와 꽃이 달린 굽은 가지, 빛 을 산란시키는 길고 얇은 기둥의 흔들림. 소리와 음악과 구음. 작품은 춤보다 춤 외적 요소가 더 많이 무대를 채웠다. 이는 언어도단을 다시 언어로 표기하 듯 사유(이미지) 너머의 경지를 이미지로 다시 갈무리해야 하는 모순된 상황 을 극복하기 위해 연출과 안무가 고민한 결과다. 하지만 요소 하나하나에 의 미를 둔 안무·연출 의도는 관객에게 충분히 전달되지 못한 것 같다. 관객 처 지에서 그 은유의 숲은 너무나 빽빽해서 헤쳐나가기가 무척 힘들었다. 현실 을 견디는 것만으로도 진이 빠진 채 극장을 찾았건만, 춤은 토닥이기보다 '불 현듯, 알아차리는 것'을 알아채라고 요구한다. 관객의 이해를 도우려는 여러 장치는 점멸하는 빛의 신호처럼 읽어내기가 쉽지 않았다. 춤꾼의 몸이 죽비 가 되고, '할(喝)' 하며 내리치는 주장자 역할을 하지만 관객에게 죽비와 주장 자의 일갈은 복잡하고 공허하다. 그렇게 깨달음의 순간을 알아차리지 못한 관객은 '각시'의 희미한 그림자 속에서 허우적거릴 뿐이었다.

드러나서 뻔해 보이는 문제를 예술이 비트는 것은 눈에 보이는 현상 뒤에 숨은 문제의 본질을 들추려는 의도다. 반대로 관념적이거나 이상적인 주제는 그것이 사실은 얼마나 현실에 닿아있는 문제인지를 보여 주어야 한다. 단순하게 보이는 것은 비틀어 뒤집고, 복잡해 보이는 것을 간명하고 직접적으로 드러내는 것이 예술이 철학 등 인문학과 다른 점이다. 심오한 경지를 다루는 '각시'에서 필요했던 점은 그것을 간명하고 직접적으로 보여주는 요소였다. 어디에서도 불현듯, 깨닫는 순간을 찾아내지 못한 관객은 미혹에 빠진 자신을 탓해야 했다. 그런 면에서 '각시'에는 알아차리지 못한 자를 반성하게 하는 반전이 있었다. 깨달음에 대한 정교하고 친절한 설명을 보고도 알아차리지 못하는 자신을 돌아보는 계기를 주었으니 말이다. 필자도 작품에 다가가지 못했다는 사실을 고백한다. 나에게도 미혹을 떨치고 불현듯 알아차릴 순간을 기다릴 시간이 더 필요했다. 진중한 아쉬움과 알 수 없는 감동을 남기고 막이 내렸다. 이제 '각시'는 불현듯 찾아올 순간으로 각자에게 남겨졌다. 춤의 것이 모두의 것이 됐다는 말이다.

1985년 부산 최초의 한국 춤 동인단체로 출발한 배김새가 부산 춤판에 끼친 영향은 지대하다. 현재까지 설립 당시의 색을 유지하며 부산 춤판의 상징적인 단체로 인정받고 있다. 민간 주도의 한일교류를 실천하고, 우리 사회가 가진 문제를 공론화하는 자리에도 거리낌 없이 참가하여 춤의 사회적 역할을 다하고 있다. 이 모두가 동인단체가 해내기에 쉽지 않은 활동이다. 이런 배김새가 올해 공연에서 중요한 출연자를 객원으로 충당했다. 어느 단체나 필요하면 유능한 외부 춤꾼을 객원으로 쓰지만, 배김새의 경우는 그것이 경성대 무용학과의 폐과 사태와 맞물려 걱정스럽다. 이미 여러 단체가 활동을 접거나 휴지기를 갖고 있지만, 배김새는 그렇지 않아야 한다. 왜냐하면 배김새가

가진 부산 춤판의 상징성이 매우 크기 때문이다. 흔들리지 않고 춤의 길을 가
기를 바라는 마음이 간절하다.

(2019년 10월 예술 부산)

허경미

'진화'의 춤 길에서 '外치다'[1]

1. 프롤로그

40대 중반은 안무자로 활동하기에는 농익은 나이지만 춤꾼으로 활동하기에는 벅찬 나이라 할 수 있다. 춤꾼에게 무엇보다 우선하는 것이 일상적 범위를 넘어서는 신체 활용이기 때문이다.

부산을 중심으로 활동하는 허경미(1973년 生)는 안무자이자 여전히 다른 사람의 작품에 출연하는 춤꾼이기도 하다. 경남 통영 출신으로 부산에서 대학(한국 춤 전공)을 나오고 부산시립무용단에서 10년간 단원 생활을 하였다. 1996년 제2회 젊고 푸른 춤꾼한마당(이하 '젊춤', 주최 (사)민족미학연구소, 부산 태양아트홀)에 「언젠가 별을 보았다」(안무, 춤 허경미)를 무대에 올리면서 처음 이름을 알렸다. 이어서 99년 제5회 젊춤(경성대 소극장)에서 「써브

---

1) 이 글은 2017년 한국 춤비평가회 비평 신인상에 응모한 원고를 수정하였다.

웨이」(안무, 춤 허경미)를, 6회 젊춤(부산민주공원 소극장)에서 「공무도하가」(안무 허경미, 2인무)를 선보인다. 이 세 작품은 각각 '사랑'(언젠가 별을 보았다), '일상'(써브웨이), '한의 신명'(공무도하가)이라는 주제를 다루고 있는데, 이 작품들에는 이후 허경미가 지속해서 다루는 주제와 표현기법이 드러나 있다. 젊춤 무대를 벗어난 허경미는 2001년 「눈물」・「꽃」, 2005년 「걸음-네 여자이야기」, 2008년 「진화」, 2009년 「KISS」, 2011년에는 [외치다], 2012년 [To Somebody], 2013년 [夢-사이의 유희], 「신곡(身哭)」, 2014년 [고백-길을 잃다]・영상과 춤 협업작품 「쿰바카」, 2015년 야외춤 [April,품], 2017년 미디어 융합공연 「Streaming City」(안무) 등 2001년부터 10여 편의 굵직굵직한 작품을 창작하였다.

2005년 허경미는 작품 하나를 남기고 인도로 떠난다. 10년을 근무한 시립 무용단 단원 생활이 제법 안정감을 주었고 30대 초반에 부수석 단원으로 몇몇 작품에 주역을 맡을 정도로 기량을 인정받고 있었지만, 이 모두를 미련 없이 접는다. 2년 동안 인도에서 인도의 전통춤 까딱(Kathak Dance)을 배우고 요가수련을 하고, 한국으로 돌아온 후 본격적으로 자신의 이름을 걸고 활동을 재개한다. 허경미의 작품은 인도 유학을 기점으로 확연히 달라진다.

2. 작품세계

2017년 10월 14일, 부산 중앙동의 밤은 여느 밤과는 달랐다. 40개의 계단에 부딪힌 제주도 말 모는 소리와 피리 소리가 아련하게 밤공기를 채우고 떠날 채비를 하는 춤꾼 한 명이 서 있다. 2007년 처음 무대에 올랐던 허경미 안무작 「진화」가 10년을 걸어 나와 부산 사람의 삶의 역사가 쌓인 원도심을 걸어간다. 어머니를 여의고 자책과 슬픔으로 지낸 시간을 춤으로 녹인 「진화」가 10년 동안 처음 의도에서 확산한 여러 의미를 입었다. 5명의 춤꾼과 예닐곱의 일반인이 따라붙은 이날 공연은 각자의 진화 길이 엇갈리고 겹치면서 삶과 작품이 변해가는 이미지를 그대로 녹여내었다. 「진화」가 의미를 벗고 이미지의 몸짓으로 거듭나는 순간이었다.

– 처연한 관능, 지독한 능동의 몸짓

2002년 창무국제예술제와 함께 진행된 드림 앤 비전 댄스페스티벌(6/30-7/8. 포스터극장)에서 선보인 「눈물」은 평론가들의 극찬을 받는다.

평론가 故 김영태는 "극단 자갈치 단원 손재서가 장구를 치고 물 한 바가지 떠서 허경미에게 내미는 「눈물」에서 찬란한 신인을 만났다."(2002년 8월 『몸』)고 하였고, 이근수는 "슬픔과 희망, 체념과 의지란 복합적인 감정을 한 얼굴에 동시에 표출하는 표정 구사 능력이 탁월하다. 이 표정과 작은 체구에서 터져 나오는 당당한 끼만으로도 무대는 터질 듯 하고 작은 여인의 솔로에 소극장 관객들은 손쉽게 제압당하고 만다."(2002년 8월 『몸』)고 평했다.

이후 「눈물」은 고수를 바꿔가면서(손재서, 이성원, 박광호, 박세준) 여러 차례 재공연 된다. 2013년 허경미의 춤으로는 마지막 공연을 하였고, 2014년 무용단 Redstep 기획공연에서 엄효빈으로 춤꾼을 교체하고 공연하였다.

「눈물」에서 허경미는 '자아를 찾는 당당한 몸짓으로, 때론 여성성을 되찾고자 하는 처연한 몸짓으로, (...)당당하게 울고 싶다. 눈물로 위안 받고 편안함을 얻으며, 나의 위선을 벗어놓고 진정한 나를 찾고 싶다.'(2001년 젊춤 서울공연 팸플릿 소개 글)라고 말한다. 진정하고 참된 자기 고백으로 자아를 찾는데 걸림돌이 되는 것은 무엇일까. 그것은 '여인의 숙명'(이근수)이고 '시름'(김영태)일 것이다. 자신의 삶을 제대로 살지 못하게 훼방하는 모든 것은 살(煞)이다. 허경미는 제대로 된 삶을 가로막는 살(숙명, 시름)을 능동의 눈물로 풀어낸다. 역설이다. 격렬한 반항도 아니고 격한 감정을 실은 고함도 아니다. 넙죽 엎드리다가 어느새 쪽박을 깨부수고 항아리가 넘치도록 온몸을 적셔 내는 것으로 자기 방식의 살풀이를 한다. 당당한 울음, 넘치는 눈물 앞에서 어떤 살도 버틸 재간이 없다. 살이 깊을수록 신명은 고조된다. 항아리마저 깨어버리지는 못했지만 「눈물」은 처절한 관능과 지독한 능동의 몸짓이 불러오는 신명이다.

「눈물」에 이어 김춘수의 동명 시를 모티프로 안무한 「꽃」 역시 여성성을 되찾고자 하는 능동의 몸짓을 「눈물」과는 다른 느낌으로 풀어내었다. 이 시기 허경미의 주제는 여성성, 자아 찾기 등으로 요약할 수 있다.

허경미의 작품이 인도 유학을 기점으로 전후로 나뉜다는 점을 앞서 말한 바 있다. 2005년 허경미는 모든 것을 정리하고 인도로 떠나기로 한다. 10년의 직장생활이 한편으로 생활하는데 안정을 주었지만, 예술가이기보다 작품을 위한 하나의 소모품으로 춤꾼을 취급하는 무용단의 분위기에서 끊임없이 소비되고 탈진하는 자신을 느꼈을 것이다. 또한, 자신만의 작품을 하고 싶다는 예술가의 욕심이 현실과 부딪히고 서로를 조율할 수 없는 지경에 이르렀을 것이다. 이도 저도 할 수 없는 무기력한 순간을 만났을 때, 허경미는 모두를 놓고 아무것도 계획하지 않은 가능성의 상태로 돌아갔다. 주위의 만류와 걱정도 만만치 않았지만, 결심은 확고했고, 인도로 떠나기 직전 작품 하나를 올린다. 「걸음 - 네 여자 이야기」(이하 '걸음', 2005년 4월2일~5일, 부산 엑터스 소극장)가 그 작품이다.

「걸음」은 총 네 걸음(마당, 장)으로 구성되었다. 작품은 우리나라 최초의 서정시가인 '공무도하가'의 내용을 깔고 있다. 허경미는 이 작품이 '여성의 삶의 문제에 대한 도전적 질문제기가 아니라 사는 모습의 현재진행 과정을 잠시 보여준 것일 뿐'이라고 한다. 「걸음」은 허경미 작품연대기에서 전환점이 된 작품이다. 「걸음」에는 앞서 안무한 작품의 중요한 부분이 녹아있다. 「꽃」 안무 대부분을 사용하였고, 「눈물」에서 보인 처연한 관능과 지독한 능동이라는 표현이 녹아들어 있다. 한편으로 앞으로 창작할 작품에서 볼 수 있는 허경미만의 요소들이 모습을 드러내기 시작하였다. 나중에 「진화」에서도 사용하는 제주도 말 모는 소리 등 표현 도구와 무대에서 특정한 방향으로 계속 나아가는 저항적 관성이 느껴지는 구도와 몇몇 특징적인 몸짓이 그것이다. 허경미는 「걸음」을 통해 지난 시간을 정리하고 자신이 의식하지 못한 채 다가올 창작의 단서를 남겨두었다. 허경미 작품 주제의 첫 번째 연결고리를 '정체성 찾기 – 처연한 관능 – 능동의 몸짓'으로 정리할 수 있다.

– 회한, 슬픔의 거름

인도에서 전통춤인 까딱과 요가 수련에 몰두하던 허경미에게 비보가 날아든다. 어머니의 갑작스러운 죽음이다. 어머니의 죽음은 허경미에게 씻기 힘든 회한과 슬픔이면서 창작의 거름이 되었다.

인도유학을 마치고 선보인 첫 작품이 「진화」이다. 인도 전통 까딱(Kathak) 춤의 발동작을 응용해서 자신만의 춤 언어를 얹은 작품이다. 까딱은 신의 이야기를 춤으로 형상화한 것인데, 「진화」에는 신에 관한 이야기 대신 허경미의 회한이 녹아들어 있다. 까딱춤의 발동작에 비나리 음악을 중심으로 삼고 아메리칸 인디언 플루트와 제주도 말 모는 소리 등을 엮어 사람의 감성을 기가 막히게 건드린다. 무엇보다 특이한 점은 시작부터 끝까지 객석에 등을 돌리고 춤을 추며 나아간다는 점이다. 이를 두고 조봉권(국제신문 문화부기자)은 "도저히 눈을 뗄 수 없는 '뒷모습의 카리스마'를 뿜어낸다. 이 카리스마는 영적인 느낌을 풍긴다."(2008년 7월 월간『몸』)라고 표현한다. 처음부터 뒷모습만 보이면서 추는 춤의 강렬함이 대단하다. 잊히지 않을 뒤태이다.

「진화」는 어머니의 죽음을 대하는 개인적 감성(회한)이 죽음과 진화로 보편적 정서화 하면서 관객에게 다가간다. 「진화」의 포인트는 마지막 부분 잠시 돌아선 채 주머니에서 꺼내 불어 날리는 흰 가루에 있다. 이 가루는 어머니의 유골을 상징한다. 가루를 불어 날리는 행위는 어머니를 떠나보내는 자신만의 의식인 것이다. 자기 삶을 추스르느라 여유가 없어 어머니에게 제대로 따뜻하게 해드리지도 못했는데 난데없는 이별을 맞았으니 그 회한이야 오죽하겠는가. 허경미에게 「진화」는 어머니와 자신을 위한 해원의 춤이다. 하지만 허경미는 노련하고 품위 있게 자기의 속내를 감추었고, 관객은 저마다의 진화를 화두 삼아 해석의 즐거움을 만끽했다.

「진화」에서 드러내지 보이지 않았던 회한의 정서는 2013년 「신곡(身哭, weeping body)」에서 중심주제로 드러난다. '몸의 울음 혹은 우는 몸'으로 해석할 수 있는 제목에 걸맞게 「신곡(身哭)」의 처음은 어머니의 죽음이 슬퍼서 저미는 가슴을 치는 것을 상징하는 장면으로 시작한다. 검은 옷을 입은 두 명의 춤꾼이 엎드린 채 바닥을 양 손바닥으로 탁탁탁 내려치는 첫 장면에서 관객은 자연스럽게 그녀가 펼친 어머니를 위한 굿판에 들어서게 된다. 마치 장례에서 초혼(招魂)을 행하는 것처럼 희고 긴 천을 허공으로 높이 던지는 마지막 장면은 이 작품이 해원 굿이었음을 분명하게 알려준다. 「진화」와 「신곡

(身哭)」은 어머니를 잃은 슬픔을 거름 삼아 만든 작품이다. 이렇게 회한과 슬픔은 허경미 창작세계에 중요한 주제로 자리 잡게 된다.

　여기에서 허경미 작품 주제의 또 하나의 연결고리인 '죽음 – 회한 – 해원'을 만나게 된다. 이 고리에 사랑과 눈물이 녹아들었다.

– To Somebody, 구원을 갈구하다.

　개인적 슬픔과 회한을 「진화」, 「신곡(身哭)」 연작을 통해 어느 정도 해소한 허경미의 관심은 구원, 소통과 같은 관념적인 주제로 향한다. 2011년 부산무용제 참가작인 「外치다」는 허경미 작품의 주제 변화를 예고하는 중요한 지점을 차지한다. 「外치다」는 제19회 부산무용제에서 "말의 허망함과 말이 전달할 수 없는 참뜻을 치밀한 구성과 독특한 몸짓, 뚜렷한 주제의식과 때론 영상이미지를 사용한 색다른 몸의 움직임이 인상적"이라는 평을 받고 심사위원 전원 찬성으로 대상을 받는다. 이어 열린 제20회 전국무용제에서도 은상을 안겨주었다.

　「外치다」가 허경미가 불교사상에 어느 정도 영향을 받고 있음을 보여주었다면, 이듬해 만든 「To Somebody」는 종교적 느낌을 최대한 배제하고 누군가에게 무엇인가를 갈구하는 마음과 행위 자체를 표현한다. 해탈이든 메시아적 구원이든 구원은 현실의 모든 질서가 무력화한 순간에 찾아온다. 현실 질서의 영향이 남아있는 동안 구원은 오지 않는 미래로 지연될 뿐이다. 「外치다」에서 그렇게 안타까워했던 진정한 소통도 현실에서는 지연된 기대의 누적이다.

– 꿈과 현실 사이에서 길을 잃다.

　2013년 창작한 「夢 - 사이의 유희」(이하 '몽')는 파격적인 무대 활용으로 주목을 받았다. 민주공원 소극장 무대와 객석의 구조를 전면적으로 바꾸고,

무대에 마른 모래 1톤가량을 쏟아 부었다. 꿈은 현실에서 억압된 욕망이 분출하는 지점이다. 즉, 꿈에는 어느 정도 현실이 반영됐다는 의미이다. 꿈과 현실을 분별하는 것이 가능한 것인지, 필요한 것인지조차 명확하지 않다. 다만 꿈과 현실 사이를 오가며 유희적으로 현재를 누리는 것이 현실이자 꿈인 지금이 아닐까. 「몽」은 이러한 비결정 혹은 결정 불가능의 상태를 정교한 조명과 몽환적인 음악 그리고 모래의 산란하는 이미지로 표현한다. 「몽」은 만들어나가기 어려운 작품이었다. 작품 이미지 자체가 확실하지 않은 상황에 대한 표현이었고, 그런 이미지를 다른 사람(출연자)의 몸을 통해 드러내야 했다. 에너지가 엄청나게 소모되었다. 이 작품 이후 허경미는 군무 작품 안무에 피로를 느끼게 된다. 인도에서 귀국 후 「진화」부터 연이은 창작 작업도 피로를 높이는데 한 몫을 하였다.

허경미는 「몽」을 끝내고 군무작품 안무를 당분간 하지 않겠다는 선언을 한다. 그 선언 후 2014년 「길을 잃다」라는 20여 분짜리 독무 작품을 올린다. 무용단Redstep 정기공연 「고백 – 3인의 솔리스트전」에 선보인 「길을 잃다」에서 허경미는 무대 전체를 덮은 흰 천 위를 그야말로 방황하듯 헤집고 다닌다. 공기를 품은 거대한 천의 물결은 가는 방향 마다 길을 가로막는다. 「몽」에서 꿈과 현실 사이의 유희로 현실의 경계에서 구원을 갈망하는 자신의 의도가 충분히 표현되지 못해서였을까. 허경미는 길 위에 있지만, 끊임없이 변화하고 순환하는 삶 위에서 자신의 좌표와 방위들이 무기력하고 허망하게 지워졌다는 고백을 한다. 그러면서 결코 길을 잃지는 않았다고 말하는 것은 안타까운 자위의 독백으로 들린다.

「길을 잃다」를 뒤로하고 허경미의 새로운 길 찾기가 본격적으로 시작된다.

같은 해 영상작가 홍석진과 함께한 협업작품 「쿰바카」는 허경미의 새로운 좌표 만들기의 시발점이 되었다.

「쿰바카」는 비디오 파사드(facade) 기법을 인체에 적용해서 현실의 존재와 가상의 존재를 겹치게 함으로써 어떤 것이 진정한 자아인가를 고민하게 하는 작품이다. 춤과 영상의 균형이 적절하지 않았지만 신선한 시도와 철학적 메시지를 효과 있게 전달했다는 평을 받으면서 2~3년 동안 수차례 재공연 하였다. 「쿰바카」작업으로 어느 정도 합을 맞춘 홍석진과의 작업은 2014년 이후 현재까지 이어져 오고 있다. 가장 최근에는 지난 9월 22일 「Streaming City」라는 주제로 부산 지하철역 두 군데에서 영상과 춤이 어우러지는 공연을 올렸다.

허경미는 몇 차례 미디어와 협업 공연을 통해 미디어에 대한 이해를 넓혔음은 물론이고, 춤의 정체성과 몸에 대한 생각도 더 깊어진 것으로 보인다. 영상 이미지는 자신이 원하는 것만을 취하고, 영상의 2차원은 3차원의 몸을 쉽게 무력하게 만든다는 점을 체험으로 알아차린 것이다. 「Streaming City」에서 예전 협업 작업에 비해 춤이 보다 전면에 나서고 영상이 보조적인 역할을 한 것을 보면 그간 춤과 영상에 대한 많은 고민이 있었음을 눈치 챌 수 있다.

3. 에필로그 : 다시 춤 길에 서다.

허경미의 작품세계를 일괄하면서 하나의 질문을 떠 올린다. '허경미는 춤을 추고 있는가?'

허경미의 작품은 자아, 당당한 여성성과 같은 자의식의 춤적 발현(눈물, 꽃, 걸음)을 시작으로 춤으로 어머니를 떠나보내고(진화, 신곡) 진정을 몰라

주는 타인과의 소통을 절절히 소망하고(外치다), 죽음을 만나고 구원을 갈구했다(KISS, To Somebody). 그 와중에 자신의 춤 길 위에서 길을 잃은 것이 아니라 춤을 잃어버렸다. 자신의 세계를 반영하는 통로인 자기만의 춤을 잃어버린 것이다. 많은 사람이 자신의 춤을 잃어버리지만 안타깝게도 대부분은 자신이 춤을 잃어버렸다는 것을 모른다. 춤을 추고 있고, 춤의 길에 여전히 서 있기 때문에 당연히 자신이 춤을 쥐고 있다고 여기며 춤을 잃어버렸다는 사실을 알아채지 못한다. 끝없는 자기복제의 수렁에 갇힌 줄도 모른 채 타성에 젖은 춤을 추면서도 자신의 춤을 잃어버린 사실을 알지 못한다.

허경미는 적어도 어느 즈음에 자신이 춤을 잃었다는 것을 알아차렸다. 꼭 쥐었던 자기의 춤이 어느새 손가락으로 모래가 새어 나가듯이 사라져 버린 것을 알아버렸다. 감각은 쇠진하고 감정은 말라 있었다. '삶의 순응은 삶의 긍정'이라고 스스로 위안 하지만 춤의 길 위에서 춤을 잃어버렸다. 그래서 허경미는 다시 「진화」의 춤 길에 올라 두리번거린다. 왜 춤을 추는지를 알아내고, 잃어버린 춤을 찾기 위해서 익숙하고도 낯선 춤 길에서 사방을 살핀다.

REVIEW

〈길을 잃다〉
상실을 넘어 연대와 환대의 길에 다시 서다

2023년 11월 5일(일) 오후 5시 부산문화회관 중극장에서 〈길을 잃다〉(안무 허경미)가 무대에 올랐다. 이 공연은 (재) 부산문화회관이 주최한 2023년 부산공연 콘텐츠 페스타에서 선정한 세 작품 중 하나이다. 팸플릿에는 〈길을 잃다〉가 2019년 12월 4일 영도 문화공간 끄티에서 공연한 이력만 나와 있다. 이 작품의 시작은 시간을 더 거슬러 올라가야 한다. 2014년 부산민주공원 소극장에서 허경미는 20여 분짜리 독무로 〈길을 잃다〉를 올리는데, 그때가 시작이다. 당시 허경미는 홀로 소극장 무대 전체를 덮은 흰 천 위를 방황하듯 헤집고 다녔다. 공기를 품은 거대한 천의 물결은 가는 길마다 앞을 가로막는다. "우리는 항상 어떤 곳을 향하고 있다. 그 방향을 잡기 위해서는 좌표가 필요하다. 그러기에 우리는 자기만의 흔적을 만들고 영역을 만든다. 그러나 끊임없이 변화하고 순환하는 삶 위에서 이런 좌표와 방위들은 무기력하고 허망하게 지워지기 마련이다. 이런 새김과 지워짐의 반복은 갈등이 아니다. 삶의 순응은 삶의 긍정이다. 그러기에 길을 잃은 것은 결코 길을 잃은 것이 아니다. 계속되는 길 위에 서 있을 뿐이다." (공연 팸플릿 작품해설, 허경미 작성) 당시 허경미는 연이은 창작에 지친 상태였다. 춤의 길에 있지만, 끊임없이 변화하고 순환하는 삶 위에서 자신의 좌표와 방위들이 허망하게 지워지는 것 같은 걱정과 무력감이 찾아왔다고 한다. 그렇지만 새김과 지워짐의 반복이 길을 완전히 잃은 것은 아니며, 삶을 긍정하는 것이고 그래서 결코 길을 잃은 것이 아니라고 자위하였다.

애초 <길을 잃다>는 좌절과 탈진의 순간에서 끝내 무너지지 않고, 춤을 끌어내려는 예술가의 깊은 자기애에서 나왔다. 완결된 작품이기보다 아이디어를 스케치한 상태에 가까웠던 2014년의 <길을 잃다>는 춤보다 소품이 무대를 장악한 불균형 상태였다. 소극장 무대를 채운 천의 힘은 강렬했고, 천이 흔들리며 만들어 내는 파도와 그 사이를 헤매는 빈약한 춤꾼의 대조가 길을 잃었다는 상황을 직관적으로 보여주었다. 이것이 이후에 이어지는 <길을 잃다>의 중심축이 되었는데, 당시에는 극적인 결말을 뚜렷하게 제시하지 못했다. 이후 2019년 <길을 잃다>는 더 넓은 공간에서 초연보다 긴 시간을 공연했다. 창고를 개조한 공간이라서 일반적인 극장 무대 메커니즘의 도움은 받지는 못했지만, 날 것의 분위기가 강한 공간은 작품의 절실한 느낌을 한층 더하게 했다. 다시 4년이 지난 이번 공연에서 허경미는 이전 공연의 기조를 유지한 채 "매 순간 선택의 기로에 서 있는 인간 실존에 관해 고민"한다고 밝힌다. 자기의 상황과 감정을 '우리'로 타자화하면서 확장했는데, 이는 자기의 내밀한 상태를 직접 드러내지 않으려는 방식이다. 허경미 작품의 공통적인 특징은 주관의 객관화 혹은 주관적 감정을 보편적 감성으로 확산하는 것인데, <길을 잃다>도 그렇다. 이번 공연에서는 '인간 실존'을 뚜렷하게 명시한다. 소극장에 올린 20여 분짜리 소품이 70분 분량의 문화회관 중극장용으로 바뀌었고, 무대·시간 등 공연 조건이 달라지면서 작품이 지향하는 바를 확장하고 결말을 뚜렷하게 제시한 것으로 보인다.

조명과 음악은 장점이 되었다. 허경미의 음악 선택 기준은 동작과 주제에 얼마나 적절한지이다. 멜로디가 없는 리듬 위주의 음악은 멜로디로 인해 의도하지 않은 감성이 끼어드는 것을 차단하고, 리듬으로 춤의 고조와 이완을 강조하는 데 집중한다. 사이드 조명을 적극 활용해 공간을 이분화해 '인간 실존'이라는 현실적이지만, 형이상학적인 주제를 효과적으로 표현하였다. 천은 인간 실존을 확인하는 장이다. 내가 현존하는 세계는 수많은 타인과 공존한다. 그래서 안심이 되지만, 타인과 나의 실존적 거리는 좁힐 수 없다. 각자의 삶은 교환할 수 없기에 실존은 단호하다. 무용수들이 춤추면서 반복해서 뱉는 "내가 가는 길이 길이다. 나란히 갈 수 없어도 함께 가는 길이 있지."라는 대사는 타인과 공존하는 세계의 다양성을 뜻한다. 개인의 실존이 열려있지 않고 동일성으로 수렴되는 것이지만, 세계의 다양성은 개인의 연대로 가능하다. 연대는 개인의 폐쇄성을 극복하고 타자라는 무한대로 나아가는 길이다. 허경미는 침체의 늪에서 서서히 벗어나 타자를 향한 연대의 길을 이야기한다. 좌표를 잃기도 했었지만, 길 위에 서 있는 동안 인간 실존이 무한대로 나아갈 방법을 깨달은 것이다.

한동안 이 정도 규모의 무대 작품을 만들지 못했던 아쉬움을 쏟아붓기라도 하듯 <길을 잃다>는 <진화>, <신곡>, <외치다>의 상징적 구성과 동작을 곳곳에 품고 있었다. 동작은 크게 확장하기보다 내향적이며 말단의 진동을 섬세하게 보여준다. 점프도 발을 뻗지 않고 무릎을 굽힌 채로 뛰어오른다. 에너지를 발산하기는 쉽지만, 적당히 제어하는 일은 까다롭다. <길을 잃다>의 동작은 까다롭고 내밀하다. 춤은 신체적 충동을 자기 밖으로 분출하는 행위가 아니라 충동을 억제하는 긍정적 인력 안에 사로잡는 능력이다. 사유란 주어진 곳 이외의 다른 곳이 아니라 지금 여기에서 효력을 발생하는 것이며 춤 이미지는 내재적인 강화로서의 사유의 이념을 시각적으로 전달한다. <길을 잃다>의 춤이 무대에 깔린 천위를 좀처럼 벗어나지 않는 이유가 여기에 있다. 천은 현실이며 대지이기도 하다.

무용수들의 기량도 작품에 걸맞았다. 특히 정기정과 신상현은 안무자의 의도를 잘 소화한 춤으로 후반부에 허경미가 등장해 춤출 때 감성이 단절되거나 이질적으로 보이지 않게 하였다. 신상현이 길 조명을 따라 뒤에서 앞으로 나오는 장면은 객석에 등을 보이고 나아가는 <진화> 동작의 의미를 품으면서 방향만 바꾼 것처럼 보였다. <진화>의 진행은 앞으로 나아가는 것이 아니라 되돌아가는 회고적 의미인데, 신상현은 움직임의 중심을 적당히 뒤로 보낸 채 앞으로 나아가면서 과거와 미래를 함께 담아내었다. 정기정, 신상현, 허경미의 독무가 개인의 실존적 고민을 상징한다면 군무는 인간 보편 혹은 공동체 속 관계를 상징한다. 군무에서는 개인과 무리의 대조가 주를 이룬다. 인간의 실존이 보편적 문제이면서 동시에 개인의 문제라는 점을 무리와 개인을 대비하면서 표현한다. 군무는 강경희, 이연정, 조은미를 중심으로 조화롭게 펼쳐졌다.

이전의 <길을 잃다>에서 서사를 압도하는 감성적 이미지를 보았던 관객이라면 이번 공연에서 다소 아쉬움을 가질 수 있다. 큰 부침이 없어 보이는 구성을 지루하다고 느낄 수도 있는데, 주제로 내세운 인간 실존의 문제를 구체적 사건을 모티브로 삼지 않고 줄거리로 만들기가 쉽지 않았을 것 같다. 그렇다보니 관객이 보기에 흐름이 한눈에 들어오지 않았을 것이다. <길을 잃다>는 두 부분에 모든 메시지가 담겨있다. 시작에서 무용수들이 대사를 내뱉기까지와 후반부 허경미가 등장한 이후이다. 작품의 중간 부분은 후반부 메시지를 강화하기 위해 에너지를 쌓아가는 과정이다. 줄거리를 갖지 않고 사유의 순수한 이미지로써의 춤에 충실한 작품이기에 모든 장면의 의미를 파악할 필요는 없다. 그래서 '읽기'에 익숙하고 '느끼기'와 '건너뛰기'에 훈련되지 않은 관객 입장에서 보면 불친절한 작품일 수 있다. 무용 작품의 서사는 완전하지 않아도 된다. 춤은 태생적으로 추상성을 갖고 있으며, 선형적 연결과 진행을 그리 선호하지 않는다. <길을 잃다>는 이런 무용의 정체성을 고스란히 지녔다. 좀 더 뚜렷한 메시지 전달을 위한 장치 도구가 있었다면 더욱 친절한 작품이 되었을 것이지만, 그런 것을 마다하고 뚝심 있게 허경미만의 터치로 작품을 끌고 나갔다. 여전히 허경미는 춤의 길 위에서 나아가고 있었다. 좌표는 내가 찍는 것이 아니라 관계의 씨줄 날줄을 이용해 설정하는 것이다. "내가 가는 길이 길이다. 나란히 갈 수 없어도 함께 가는 길이 있다."라는 읊조림은 길에서 좌표를 찾는 방법을 깨달았다는 의미일 것이다. 그래서 <길을 잃다>는 무엇인가를 잃어버린 상실을 말하지 않고, 나란히 나아가는 연대와 환대의 길을 제시한다.

(2023년 11월 댄스포스트코리아)

허성준

이성과 감성, 추상과 구상의 접점을 탐색하다

메마른 언덕에서 물고기 한 마리가 퍼덕이고 있었다. 어디로 가야 물을 만날지 알 수 없어 그저 퍼덕이기만 했다. 어느 날 마른하늘에서 빗방울이 듣기 시작했고, 물고기는 빗방울에 몸을 적시고 내를 따라 바다에 이르렀다. 비가 아무리 많이 왔다고 해도 퍼덕이며 살아있지 않았다면 바다를 만날 수 없었을 것이다.

소년, 춤을 추다.

2000년대 초 중학생이었던 소년은 비보이 영상에 마음을 빼앗겼다. 소년을 사로잡았던 비보이팀은 '오보왕'으로 불렸던 '익스트림 크루'로 세계대회에서 우승까지 한 이름난 팀이었다. 고등학교에 진학하고 얼마 후 다른 학교

친구의 권유로 친구의 선배들이 만든 비보잉팀을 만나게 되는데, 킬라몽키즈이다. 킬라몽키즈는 지금도 부산을 대표하는 비보이 크루로 다른 춤 장르와 협업하면서 활발한 활동을 하는 팀이다. 킬라몽키즈 양문창 대표는 이때부터 이 소년과 끈끈한 인연을 이어가면서 소년이 '무용가 허성준'으로 성장할 수 있는 길을 터 주었다. 킬라몽키즈에서 일 년에 360일 정도를 연습실에서 살다시피 하면서 춤에 푹 빠져 지냈다. 메마른 언덕에서 혼자 퍼덕이던 물고기가 드디어 비에 온몸을 적시고, 강에 흘러든 것이었다.

고등학교를 졸업하고도 대학 진학은 생각하지 않았다. 집 형편이 나빠서가 아니고 별다른 계획이 없어서였다. 비보잉 외에도 패션디자인을 배우고, 재즈 학원에서 수업하기도 했다. 이즈음 가족 같았던 킬라몽키즈를 떠나게 되었고, 22살 겨울 현대무용 공연에 무용수로 같이 해보자는 권유를 받고, 허종원의 <오감도>(2012년 11월 28일 해운대문화회관)에 출연하게 됐다.

이것이 그가 무용계에 내디딘 첫발이었다. 현대무용가 허종원과 만남은 허성준의 춤 여정에 중요한 이정표가 되었다. 허종원 역시 스트리트 댄서 출신인지라 허성준의 춤을 누구보다 잘 이해할 수 있었다. 공연 후 허종원과 김수현 부부는 같이 활동해 보자고 손을 내밀어주었다. 그렇게 허성준은 판댄씨어터(이후 '판댄스')의 일원이 되었다. 판댄스는 허종원, 김수현 부부를 중심으로 삶의 근원적 의미를 진중하고 겸허하게 갈구하는 작품으로 일관성 있게 활동하는 부산 무용계의 중요한 무용단이다. 다른 이들처럼 학연으로 끌어줄 선배도 스승도 없는 그에게 허종원, 김수현 부부와 단원들은 예술의 동지이자, 스승이 되어 주었다.

판댄스가 그를 받아들인 것은 단체의 성격과 무관하지 않았다. 판댄스 대표인 허종원이 스트리트 댄서였고, 부인 김수현은 대학에서 동아리 활동으로 다른 장르의 춤을 추다가 뒤늦게 무용과에 다시 입학한 이력이 있었다. 단원들도 대학에서 무용을 시작한 경우가 많았다. 이런 무용단 구성원의 특징은 단체가 추구하는 춤이 기존 현대무용의 작법에 크게 얽매이지 않게 하였다. 그렇다고 지나치게 다르지는 않았지만, 자기들만의 작품 색을 확고하게 굳혀 나갈 수 있었다. 허성준은 대표의 배려로 연습실에서 먹고 자면서 혼자 연습할 시간을 많이 가질 수 있었다. 이 기간에 그의 존재가 부산 무용계에 알려지기 시작했고, 다른 단체의 작품에도 출연하게 되었다. 허성준은 여러 안무자의 작품에 출연하면서 무용수로서 기반을 다지는 한편 공연으로 익힌 무용 작법을 자신의 창작에 필요한 재산으로 축적하기 시작했다. 모티브를 작품으로 풀어 재구성하는 방법, 동작의 개연성을 어떻게 만들어 내는지 등을 체험하고 익혔다. 제27회 부산무용제 대상을 받았던 김수현 안무 <Red Door>(2018년), 허종원 안무 <오감도>, 제24회 부산무용제에서 우수상을 받은 김수현 안무 <Left behind(남겨진 자들)> 등은 허성준의 뇌리에 특별히 각인 된 작품이었다. 판댄스씨어터는 허성준의 활동무대이자 배움터이며 생존의 기반이었다.

허성준의 춤 색깔을 갖추다.

2020년 11월 19일 판댄스 정기공연 <가족의 역사>(민주공원 소극장)를 끝으로 허종원, 김수현 부부는 단체에서 물러나 자기들이 원했던 삶으로 돌아갔다. 그리고 판댄스에는 허성준, 김소이, 박은지 세 명이 남게 되는데, 허성준은 대표를 맡은 박은지에게 예술 감독을 맡겠다고 자처했다. 이는 단체에 대한 애정이었고, 책임감으로 스스로 묶어 앞으로의 활동을 다지려는 일종의 결의이기도 했다. 2022년 6월 3일 허성준의 안무로 정기공연 <이터널>을 해운대문화회관 대극장 무대에 올렸다. 이 작품은 2021년 제30회 부산무용제에서 우수상을 받은 작품을 1시간으로 재구성한 것이었다. 필자는 다음과 같이 리뷰하였다.

> "허성준은 뛰어난 춤꾼이고, 몸과 움직임에 천착한 작품을 꾸준하게 안무해 왔다. 주제의 서사를 뚜렷하게 보여주는 편은 아니지만, 그만의 은유와 상징으로 내용을 전달하는데, 〈이터널〉의 구성도 그렇다. 각 장의 관계가 긴밀하지는 않지만, 느슨한 연결은 관객이 자의적으로 해석할 여지를 제공한다. (중략) 판댄스는 언제나 단단한 춤으로 요란스럽지 않게 그들만의 작품을 보여주었다. 〈이터널〉은 허성준식 은유와 상징이 판댄스 특유의 풍성한 춤과 성실함을 입어 춤의 추상성이 현실성과 만나는 접점을 보여주었다.“
>
> (2022년 6월 14일 댄스포스터코리아 공연리뷰 중)

<이터널>은 허성준 안무 스타일을 확실히 보여주면서, 다음 작품에 대한 기대를 주기에도 충분한 작품이었다. 인터뷰에서 그는 "한 가지 더 중요하게 생각하는 게 있다면 주제를 표현할 때 이성적인 것과 감정적인 것 사이에, 물질적인 것과 정신적인 것 사이에, 추상적인 것과 구상적인 것 사이에 작품을 존재시키려고 노력합니다. 이것은 제가 만드는 대부분의 작품이 인간의 내면을 다루는 것이 많기에 자연스럽게 이루어지는 것 같습니다."라고 말했다. <이터널>이 그런 작품이었다. 구상적인 표현이 힘든 무용 작품의 특징 때문에 추상적 표현에 지나치게 의존하는 경우가 허다한데, 그는 추상과 구상 사이에서 균형을 잡으려고 했고, 어느 정도 성과가 있었다. 이 작품 이전까지 허

성준은 <Back to black>(2015), <도착>(2016), <벙어리>(2017), <사막을 건너는 히치하이커>(2018), <비오는 날의 수채화>(2018), <좋아보여>(2019), <꽃꽂이>(2020), <The land of silence>(2021) 등의 작품을 꾸준히 창작했다. 또한 무용수로 손영일 무용단·줄라이 댄스·에게로·무용단 Redstep과 함께 했고, 판댄스씨어터 야외춤 <자전거 타는 할아버지>(2017년)·다원예술 프로젝트 <Body of Projecyions>(2015)·국제레지던시사업 영국 <Crossing over part2>(2016)·원도심 거리춤 축전(2017)·다원예술 <감만기억> 2018) 등에도 출연하였다. 2015년부터 지금까지 부산의 중요한 공연에 허성준이 빠지지 않았다는 것을 알 수 있다.

삶에서 바로 건져 낸 춤

허성준은 춤을 추고 있었던 20대 후반부터 목수 일을 하였고, 지금은 풀타임으로 판넬 일을 하면서 춤을 춘다. 적응하기 아주 힘들었지만, 춤을 놓을 수는 없어서 지금도 5월에 있을 경연에 참여할 작품을 만들고 있다. 많은 무용가가 학교 예술 강사나 학원에서 학생을 가르치는 것으로 생계를 유지하는데, 허성준은 춤과 관련이 없는 노동으로 생활했다. 이러한 환경의 영향이 그의 작품 기저에 깔려있다. 쉽게 가벼워지지 않고, 그렇다고 무겁지도 않다. 자신이 처한 상황에서 느낀 감정을 적당한 위트를 곁들여 담담하게 이야기한다. <사막을 건너는 히치하이커>(2018)가 대표적이다. 익숙한 은유를 자기 방식으로 뒤틀어 적절한 깊이를 주었던 자기 고백적 작품이었다. 주제를 찾기 위해 색다른 의미를 찾기보다 삶에서 바로 건져 올린 모티브를 작품화하였다. 그에게 큰 영향을 끼쳤던 허종원이 '사람은 너무 가까이 붙어 있을 때

서로를 가리고 찌른다. 그래서 그 날카로움을 깎아내어야 한다.'라고 한 말을 들고 <꽃꽂이>(2000)를 만들었다. 여자 친구와 다툼이 잦았을 때 만든 작품이었다. <벙어리>(2017)는 '벙어리가 말한다면 그것은 춤이어야 한다'라는 현대무용가 김윤규의 말에서 힌트를 얻어 만든 작품이다. 이처럼 그는 살면서 부딪히는 모든 상황에서 작품의 모티브를 발견하고, 발굴한다.

첫 머리에서 말한 물고기 이야기처럼 마른 언덕에서 혼자 퍼덕이기만 했던 소년이 지금은 자기 춤의 기반이 되었던 무용단의 다음 세대를 위한 계획을 세우고 있다. 그것이 자기를 품고 배움을 주었던 사람들에게 보답하는 길이라고 믿어서이다. 아카데믹한 무용으로는 세상의 변화를 담아내기에 벅찬 현실이 되었다. 이런 현실 변화 때문에 무용가로 진입하는 다양한 통로가 필요했고, 그의 여정이 마침 그 흐름을 잘 탔다고도 볼 수 있다. 허성준은 스트리트 씬에서 시작해 기성 무용판에 안착한 좋은 사례이다. 요즘 스트리트 씬 출신을 제법 만날 수 있지만, 그의 경우처럼 기성 무용계가 인정하는 안무가는 흔치 않다. 무용계에서 지내 온 환경이 상대적으로 불리하다고 여길 수도 있지만, 결과적으로 장점이 되었다. 얽매일 것이 별로 없었고, 받아들이는 기준을 스스로 세울 수 있어서다. 다른 사람이 가진 기반이 없이 시작했지만, 그것이 오히려 자유를 주었고, 능동적으로 춤을 갈구할 수 있었던 든든한 기반이 되었다. 그는 남들이 세운 울타리에 갇히기를 거부하고 스스로 바다를 찾아 헤엄쳤다. 그런 삶에서 건져 낸 필떡이는 춤으로 가득한 그의 작품은 언제나 자유이며 능동일 수밖에 없다.

(2024년 3월 19일 댄스포스트코리아)

〈이터널 The tunnel〉
춤의 추상성이 현실성과 만나는 접점

    <이터널>(안무 허성준, 출연: 김민국, 김소이, 강건, 고은영, 박은지, 이혜수, 허성준. 2022.6.3. 해운대문화회관 해운홀)은 영원, 영생을 뜻하는 'Eternal'이 아닌 'The tunnel'이다. 정관사 'the'를 붙여 그야말로 바로 '이' 터널이다. 이 터널은 어떤 터널인가? 비록 바로 앞에 보이지는 않지만, 누구나 그것이 무엇인지 알고 있는 터널. 모두 그 속에 있지만 있는지 몰랐던 터널. 어둠이 썰물처럼 빠져나가고 서로 모습을 드러내고 나서야 자신이 터널의 어둠에 갇혀있었다는 사실을 알았던 그 터널 말이다. 그러니 <이터널>은 <이 터널>로 표기해야 옳지만, 띄어 쓰지 않음으로써 관객이 다른 의미를 떠올리도록 내버려 두었다고 볼 수 있다. 오독(誤讀)은 해석을 풍성하게 한다.

    '터널'이 '동굴'과 완전히 같지는 않지만, '터널'을 현대식 '동굴'로 보아도 큰 무리는 없을 것이다. 이럴 때 '동굴'하면 떠오르는 이야기가 있다. 플라톤이 이데아를 설명하기 위해 사용한 '동굴의 비유'다. 태어날 때부터 손발이 묶인 채 뒤 돌아볼 수 없어 '실체(이데아)'의 그림자를 실체로 믿는 사람들의 상황을 빗댄 이야기다. 반면 <이터널>은 양쪽이 뚫린 터널이다. 플라톤은 동굴에서라도 이데아가 있다는 사실을 인식하고 그것을 보기(찾기) 위해 노력해야 한다고 말한다. 하지만 그것은 결코 볼 수 없다. <이터널>의 터널에서는 어둠 속에서 서로의 존재를 알아채고 각 존재자가 이기심과 자기 환원에서 벗어나겠다는 의지가 있다면 얼마든지 터널의 어둠에서 벗어날 수 있는 가능

성의 장소이자 그렇게 해야 하는 당위적 상황이며 현실이다.

허성준은 뛰어난 춤꾼이고, 몸과 움직임에 천착한 작품을 꾸준하게 안무해 왔다. 주제의 서사를 뚜렷하게 보여주는 편은 아니지만, 그만의 은유와 상징으로 내용을 전달하는데, <이터널>의 구성도 그렇다. 각 장의 관계가 긴밀하지는 않지만, 느슨한 연결은 관객이 자의적으로 해석할 여지를 제공한다. 그가 구성에 담은 의미를 이렇게 읽을 수 있다. '1장 오래된 길'은 이미 거기에 있어서 내 의지로 어찌할 수 없는 상황이며 터널이다. 또한 나만 처한 것이 아니라 모든 사람이 그 길 위에 서성일 수밖에 없다. '2장 7평짜리 피난처'에서 피난처는 자신을 닫고 평온을 찾아 숨어드는 장소이다. 오래된 길에서 목적 없이 서성이다가 마주치는 일들은 우리를 지치게 하고, 주눅 들게 하고, 감정과 에너지를 소비시키기 때문에 누구나 피난처가 필요하다. 그런데 피난처가 편하기만 할까? 자신과 오롯이 마주하는 상황은 오히려 고통의 순간일 수 있다. 넓은 세상의 혼란과 압박을 잠시 피할 수 있는 나만의 공간은 겨우 7평이다. 평화와 고통이 뒤섞인 작고 은밀한 공간 말이다. '3장 익숙한 불청객'은 무대 하수 쪽으로 툭 던져진 얼굴 없는 마네킹으로 상징한다. 불편한 존재(관계)는 뜻하지 않은 시간과 장소에서 들이닥친다. 그래서 더욱 거부하기 어렵다. 어쩔 수 없이 포기하고 받아들이지만, 달갑지 않다. 이 당혹과 불편에 익숙해지는 것밖에 도리가 없다. '4장 노크'는 닫힌 문(관계)을 열고 싶어 문 반대편 존재의 의사를 타진하는 행위다. 내가 당신을 만나고 싶다는 의사를 전달하는 행위인 노크의 문제는 응답을 기다려야 한다는 점이다. 응답에 따라서 노크가 의미 있는 결과를 낼 수 있지만, 그렇지 못할 수도 있다. 내 의지만으로 되지 않는다. '5장 나는 가끔 눈물을 흘린다.'를 보자. 눈물 흘리는 일은 지극히 사적이다. 감정이 확연하게 드러나는 것이라 타인 앞에서 가능한 보이고 싶지 않은 행위다. 반면 눈물로 감정을 전달할 수도 있다. 가끔 눈물을 흘린다고 고백하는 것이라면, 눈물은 말로는 모자란 깊은 감정을 표출하는 것이다. 고백이 아닌 독백이라면, 주체하기 힘든 감정이 몰려올 때 자신에게 솔직해지는 순간을 의미한다. 눈물은 슬픔만 의미하지 않는다. '6장 고요한 축제'는 형용모순이다. 축제는 활기가 있고 떠들썩한 것인데, 고요한 축제라니. 축제가 고요해지려면 내면의 기쁨이나 흥을 밖으로 발산하지 않지만, 서로 느끼고 알아야 한다. 바라보기만 해도 충분한 축제 같은 상황을 고요하고 격렬한 춤으로 표현한다. 낯선 이에게 옷을 빼앗기지만 타인을 치유하려는 마음도 모순이다. 우리는 삶에서 논리적인 면 보다 모순적인 면과 더 자주 마주친다. 그렇다면 은유나 상징 그리고 형용모순 말고 삶에 더 적절한 방법이 있을까?

<이터널>은 허성준의 지난 작품에 비해 밝고 가볍다. "추상적일 수 있는 주제가 관람자에게 쉽게 다가갈 수 있게 작품 흐름에서 각 캐릭터가 다른 의미를 가지며, 전체 구성에 시간성을 부여하고 과거에서 현재로 시간이 진행되면서 한 인간의 내면에 깊게 파고들어 보고자 했다."라는 안무자의 의도대로 구성은 은유적이지만 캐릭터 구분이 있고, 선형적 시간 흐름을 반영했다. 개인이 타인과 관계를 조심스럽게 타진하고, 이윽고 타인을 향해 자신을 열어 보이는 과정, 즉 혼자 길을 잃고 서성이다 정처 없이 떠돌고, 낯선 이에게 자가 옷을 빼앗기기도 하지만, 나와 그(들) 모두 어두운 그 터널에 함께 있다는 사실을 깨닫고 서로의 존재를 알아채고 닫힌 마음의 문을 열기까지의 여정은 누구도 익숙하거나 편하지 않다. 하지만 불편하고 쉽지 않은 과정을 거쳐 내면의 어둠에서 빠져나오는 순간 서로의 모습을 확인한 존재들은 순수의 축제를 펼칠 수 있다.

판댄스 시어터는 구성원 중 누가 안무한 작품이든 상관없이 성실하게 춤춘다는 인상을 준다. 여기서 성실하다는 것은 규칙과 틀에 충실히 적용한다는 의미가 아니라 의지 실현에 믿음을 갖고 실천한다는 의미다. 소품이나 무대 장치를 이용해 상황을 설명하고 그 이미지로 분위기를 보충하는 방법을 이용하지 않고, 대부분 춤으로 승부한다. 춤이 있어야 할 지점에서 어김없이 춤을 풍성하고 치열하게 보여준다. 춤 작품에서 당연한 것처럼 보이지만, 이 방법을 유지하기가 쉽지 않다. 출연자의 기량과 의지가 균일해야 하고, 평소에 그렇게 연습하고 이런 창작 방식이 몸에 배어 있다는 전제가 필요하다. 이런 점이 판댄스가 다른 단체와 변별되는 지점이다. 판댄스는 언제나 단단한 춤으로 요란스럽지 않게 그들만의 작품을 보여주었다. <이터널>은 허성준식 은유와 상징이 판댄스 특유의 풍성한 춤과 성실함을 입어 춤의 추상성이 현실성과 만나는 접점을 보여주었다.

(2022년 6월 14일 댄스포스트코리아)

우리 시대 무용가 열전1

21세기 부산 무용가

발행일 : 2024년 11월 7일

글	이상헌
펴낸이	도서출판 함향
펴낸곳	함향 출판등록 제2018-000007호
주소	부산광역시 동래구 명륜로69 상가동 1001호
E-mail	phil8741@naver.com
블로그	blog.naver.com/hamhyangbook
표지사진 디자인	박병민, 박희진
편집디자인	씨에스디자인

ⓒ 이상헌

ISBN 979-11-93194-07-2

가격 : 15,000원

이 책은 '2024년 부산문화재단 우수예술지원사업'의 지원을 받았습니다.